Ingeborg Drewitz
Berliner Salons

BERLINISCHE REMINISZENZEN 7

Ingeborg Drewitz

BERLINER SALONS

Gesellschaft und Literatur
zwischen Aufklärung und
Industriezeitalter

HAUDE & SPENER

3. Auflage 1984

© 1979 Haude & Spenersche Verlagsbuchhandlung GmbH
Satz: Volker Spiess, Berlin
Druck: Color-Druck G. Baucke, Berlin
Umschlag: Hauke Sturm, Berlin
ISBN 3-7759-0199-X

INHALT

Vorwort

Als dieses Buch im Frühjahr 1965 erschien, gab es in der Bundesrepublik und West-Berlin noch keine Frauenbewegung. So ließe sich leicht von einer Vorwegnahme der neuen Frauenbewegung sprechen, wenn das nicht zu unscharf wäre und die Motivation der Frauen, die sich zwischen 1780 und 1848 auf sich selbst besannen, einengen würde. Der Henriette Hertz, der Rahel Levin, der Dorothea Schlegel, der Karoline Schelling, der Bettine von Arnim ging es um mehr als um sich selbst. Sie waren in eine Zeit hineingeraten, in der die Frauen nicht mehr sprachlos waren, eine Zeit der Aufbrüche, für die 1789 nur ein Signal war, das sie gar nicht einmal ganz begriffen oder gar umjubelten. Sie waren schon durch die Aufklärer zu Menschen gleichen Ranges geworden und versuchten, sich zu erweisen. Gerade für Berlin ist der Anteil der Jüdinnen in dieser Phase der Emanzipation wichtig, der natürlich mit dem Bestreben der Berliner Judenschaft nach Emanzipation zusammen gesehen werden muß, zu vollwertigen Bürgern zu werden, ein Vorgang, der dieser Stadt den Provinzialismus, den zu viele Kasernen um sich verbreiten, genommen, ihre Urbanität gefördert hat.

Deshalb ist es erfreulich, daß das Buch, ein immer begehrter Long-Seller, neu aufgelegt wird, gerade wo wir in Berlin dabei sind, uns unserer eigenen Geschichte wieder zu vergewissern.

Zwischen dem Datum des Ersterscheinens des Buches und dem Datum der Neuauflage hat sich nicht nur die Frauenbewegung etabliert, sind auch wichtige Arbeiten zum Verständnis der Phase der Berliner und Preußischen Geschichte zwischen Aufklärung und Industriezeitalter erschienen, ist durch die Veröffentlichung von Rahels Briefwechsel eine der wichtigsten deutschsprachigen Autorinnen des 19. Jahrhunderts für uns Heutige zugänglich geworden, haben wir uns aber auch immer weiter von dem Wissen entfernt, welche Bedeutung die jüdische Intelligenz für die deutsche Kultur gehabt hat.

Daß das Buch ohne Abstriche wieder erscheinen kann, ist für mich eine besondere Freude. Möge ihm weiter beschieden sein, neuen Lesern und Leserinnen ein nicht unwichtiges Stück Berliner Kulturgeschichte nahezubringen."

Berlin, Frühjahr 1979   Ingeborg Drewitz

Einleitung

LITERARISCHE SALONS IN BERLIN

Literarische Salons – das Wort hat einen Geschmack von Vergangenheit, erinnert an hohe Zimmer in Etagenwohnungen, an das Aroma indischen Tees, an Mürbegebäck und ätherische Damen, an lebhafte gedämpfte Unterhaltung, an Kavaliersgesten der Herren, an wohlklingendes Gelächter und flüchtiges Erröten und nicht zuletzt an die andächtige Stille um einen vortragenden Dichter. Das Bild täuscht. Es mag sich so in der Erinnerung an die letzten literarischen Salons in Berlin zum Ausklang des 19. Jahrhunderts erhalten haben, an den Kult, den die Gesellschaft mit dem Idealismus getrieben hat, der schon den Schriftstellern des Jungen Deutschland verdächtig gewesen ist, – die Geburtsstunde des literarischen Salons, den Beginn seiner gesellschaftsumformenden Wirksamkeit müssen wir anderthalb Jahrhunderte früher ansetzen.

Damals lädt der junge Buchhändler Friedrich Nicolai in das schmale Haus in der Spandauer Straße ein, das zugleich seine Druckerei beherbergt (das große Haus in der Brüderstraße, das wir kennen, ist erst in seinen späteren Jahren nach Lessings und Mendelssohns Tod in seinen Besitz übergegangen und zum Treffpunkt der Geselligkeit einer neuen Generation geworden). Aber auch Moses Mendelssohn sieht die Freunde gern in seinem Arbeitszimmer. Zwischen Stehpult und Rechnungsbüchern, die er erst als Buchhalter und Schutzjude und später als Teilhaber des Seidenhändlers Bernhard führt, finden philosophische Streitgespräche statt und wird die neue deutsche Literatur gewürdigt. Lessing und Ramler

lesen hier wie auch dort aus ihren Manuskripten, Gleim
schickt aus Halberstadt „Preußische Kriegslieder von einem
Grenadier" und Ewald von Kleist trägt die neuesten Epen
vor. Sein Tod nach der Schlacht bei Kunersdorf erschüttert
die Freunde. Zu Mendelssohn geht man am Vormittag, zu
Nicolai am späten Nachmittag. Der Geist der Aufklärung,
der die Entwicklung Berlins von der Residenzstadt zur Großstadt entscheidend fördert, formt sich in den Gesprächen der
Freunde.

Die Treffen finden Nachahmung. Der Schloßkastellan
Bauer bittet jeden Dienstag zu sich, denn Lesekränzchen
kommen in Mode. Einzeln und mit verteilten Rollen werden Neuerscheinungen erschlossen. Die Diskussion ist leidenschaftlich, das Interesse keine gesellschaftliche Heuchelei. Bei
dem Schloßkastellan verkehrt die junge Henriette Herz, die
als Mädchen schon zusammen mit Mendelssohns Töchtern
Zutritt zum Arbeitszimmer des Philosophen gehabt hat. Als
Frau des bekannten Arztes und Kantianers Dr. Markus Herz,
dessen philosophische und physikalische Vorlesungen lebhaft
besucht werden, trägt Henriette die Anregungen in ihr Haus.
Man begeistert, ja, man erregt sich über „Werthers Leiden"
oder „Götz von Berlichingen", aber auch über das mysti-
sche Pathos Klopstocks und Wielands ein wenig frivole
Eleganz.

Im Salon der jungen Rahel rückt die menschliche Begegnung mehr in den Vordergrund, wenn auch der Literatur
ein wesentlicher Anteil an der Unterhaltung eingeräumt
wird, wie uns Rahels Goethe-Interpretation bezeugt, von
der der alte Herr in Weimar sagt: „Sie hat den Gegenstand."
(Allerdings hält er in dem fingierten Briefwechsel, den
Varnhagen aus Tagebüchern und Briefen Rahels und eigenen
Antworten zusammengestellt hat, ihre Äußerungen für die
des männlichen Briefpartners.)

Aber auch der Enthusiasmus für Jean Paul bei seinem Berlinbesuch und der häßliche Klatsch über Schillers Frau, die

ihren Gatten im Frühsommer 1804 nach Berlin begleitet, bestätigen die Neigung der Gesellschaft für die Literatur, die wohl meist äußerlich bleibt. So trägt die Vergötterung Goethes mit dazu bei, daß die Gesellschaft Berlins die böhmischen Bäder für sich entdeckt; und der Olympier ist, wie bekannt, nicht unempfindlich für die Eleganz und geistige Schmiegsamkeit der Berliner Damen gewesen.

Rahel geht es um mehr, um wirkliches Eindringen in die Dichtung. Sie ist nicht schön und nicht reich und nicht einmal elegant, aber sie ist leidenschaftlich und empfindsam. Ihre Briefe verraten ihr nahes Verhältnis zur Sprache als dem eigentlichen Ausdruck des Lebens. In ihren Altersjahren, in denen sie als Gattin Varnhagens seinen Salon repräsentiert, fördert sie die Auseinandersetzung mit dem Goetheschen Werk, das von nun an nachhaltig auf die Berliner Gesellschaft wirkt (es sei an die Radziwillsche Komposition des „Faust" erinnert). Aber auch der junge Heine liest Rahel seine noch allzu leicht sprudelnden Verse vor und läßt sich ihre Kritik gefallen, weil sie im Gespräch schon die Krallen des Gesellschaftskritikers schärft.

Längst hat derzeit das Vorbild der Jüdinnen Schule gemacht und wird das literarische Interesse allenthalben in der Gesellschaft gepflegt. Im Hause des Buchhändlers Georg Andreas Reimer prägt die Not nach dem Zusammenbruch Preußens die Unterhaltung. Als Verleger von Fichte, Schleiermacher, Arndt und Heinrich von Kleist setzt er sich nach 1807 leidenschaftlich für die Aktivierung des nationalen Denkens ein, die auch in der christlich-deutschen Tischgesellschaft um Achim von Arnim und Adam Müller angestrebt wird. Aber die Reaktionszeit ab 1819, das sogenannte Biedermeier, die die Gesellschaft zum Schweigen verurteilt, fördert die literarische Liebhaberei. Das intime Tagebuch mit seiner Gefühlsübersteigerung begünstigt den Dilettantismus und die Geschmacksnivellierung ebenso wie die exzentrischen Gebärden, zu denen etwa jenes Testament einer älteren Dame zu zählen ist, die ihrem Gatten auferlegt, sich zeitlebens nicht von ihrem Sarg zu trennen. Auch der sensationelle Selbstmord der Charlotte Stieglitz, die ihren Gatten – leider vergeblich – durch dieses Selbstopfer vom Versemacher zum großen Dichter hat steigern wollen, gehört dazu.

Der entscheidende Schritt, den die Literatur dieser Epoche in die nunmehr bereits industriestädtische Umwelt macht, der sich in Aufrufen, Aufsätzen und Büchern der Dichter des Jungen Deutschland manifestiert, die so ein einsames Genie wie Georg Büchner erkennen, vollzieht sich am Rande der Gesellschaft. Um Varnhagen, den „Repräsentanten unbesoldeter deutscher Gentlemanbildung", und um Bettina, die (nach Gutzkow) im Alter „eine Norne" geworden ist, sammeln sich die Revolutionäre der Literatur zum offenen Gespräch wie später bei Franz und Lina Duncker und der Schriftstellerin Fanny Lewald. Noch einmal spielt sich innerhalb des Salons der Aufbruch in eine neue Wirklichkeit ab.

Die hohe Zeit des literarischen Salons ist erst vorüber, als der Druck von unten, von jenem neuen vierten Stand in den Vorstädten, das Bürgertum in eine Bourgeoisie verwandelt, die sich nach dem Hof orientiert.

Ein Anstoß aber wirkt weiter. Der Salon hat die Begegnung der Frau, die nicht durch Geburt prädestiniert ist, mit den geistigen Strömungen ihrer Zeit ermöglicht, hat sie in die Auseinandersetzung und, von Küche und Wochenstube weg, zu einer neuen Aufgabe als geistige Partnerin des Mannes hingeführt. Das Bewußtsein von sich selbst hat ihre Erlebnisfähigkeit verfeinert.

Wenn Gutzkow über Rahel schreibt: „Die Neuerungslust, die sich auf sittliche Überlieferung geworfen hatte und, seitdem die Franzosen durch ähnliche Erscheinungen beschäftigt wurden, in sich fast eine historische Notwendigkeit entdeckte, las aus den Briefen der Rahel eine zartkeimende Saat neuer titanischer Ahnungen heraus, die ihre grünen Köpfchen verstohlen über die Fläche des Überlieferten hinausstreckte. Noch nie hat es politische Umwälzungen gegeben ohne Angriffe auf die gleichzeitigen moralischen, gesellschaftlichen und religiösen Begriffe", und doch verallgemeinert: „Da der Geist der Frauen nie schöpferisch wird, so kann ihre höchste Bildung immer nur eine unglaubliche Steigerung der Empfänglichkeit sein. Wie oft erstaunt' ich, das Wesen der mir als geistreich angerühmten Frauen nur in dieser gewandten Beweglichkeit zu finden, mit der sie jeder möglichen Wendung einer Frage, jeder halben und kaum geborenen Idee nachspringen und zu dem Unreellsten ihre scharfsinnigen Konsequenzen ziehen", so kennzeichnet er die Situation, in die der literarische Salon die Frauen gebracht hat.

Nicht umsonst sind Rahel und Bettina mit ihren Vornamen in unser Bewußtsein eingegangen. Die Frau entfaltet ihre Persönlichkeit, ehe sie den seit Jahrhunderten gefestigten Bildungsweg des Mannes hat begehen dürfen.

Die Gesellschaft des späten neunzehnten Jahrhunderts ist der Entwicklung noch einmal ausgewichen, ohne sie rückläufig machen zu können. Der literarische Salon, von der Aufklärung ins Leben gerufen, ist als einer der Vorboten der modernen Gesellschaft im Gedächtnis geblieben.

Jener Duft von Vergangenheit, der uns aus der Erinnerung anweht, sollte uns nicht melancholisch stimmen.

I.

HENRIETTE HERZ

Der Aufbruch der Frau in die Neuzeit

Als Dr. Markus Herz auch nach seiner Hochzeit mit der
fünfzehnjährigen Henriette de Lemos am 1. Dezember 1779
den Brauch beibehält, in seiner Wohnung in der Spandauer
Straße, wo er sich als praktischer Arzt niedergelassen hat,
Vorlesungen zu halten und nach seinen philosophischen
Exkursen, in denen er seinen Lehrer und Freund Immanuel
Kant den Berlinern hat nahebringen können, nunmehr
Exkurse über Experimentalphysik hält, ahnt er wohl kaum,
daß er über sein Bemühen im Sinne der Aufklärung hinaus
an einer Umformung der gesellschaftlichen Struktur nicht
nur dieser Königsstadt Berlin teilhat. Seine junge Frau, intelli-
gent und wach, aber anscheinend der Geselligkeit mehr als
der Experimentalphysik zugetan, genießt diese Zusammenkünfte, die sehr bald in die Neue Friedrichstraße in eine größere Wohnung verlegt werden, genießt es, neben dem hoch-
geachteten Markus Herz, der zu den Persönlichkeiten gehört,
bei denen die auswärtigen Besucher in Berlin Visite machen,
jung und begehrenswert zu sein. Sehr bald sammeln sich die
Jünger der Wissenschaft um den Arzt und Philosophen,
während andere, vorwiegend junge Gäste, die es vorziehen,
über die neueste empfindsame Literatur zu sprechen, im
Nebenzimmer um Henriette Herz geschart sind und aus
Neuerscheinungen lesen, aber auch recht empfindsam „flir-
ten“.

Wie herzlich denn doch das Beieinander in den benachbar-
ten Räumen ist, läßt eine Äußerung von Markus Herz er-

kennen, der, von David Friedländer um die Erklärung einer Goetheschen Textstelle gebeten, den Freund mit den Worten „Gehen Sie zu meiner Frau; die versteht die Kunst, Unsinn zu erklären!" ins Nebenzimmer schickt – vermutlich mit einem Augenzwinkern – wenn Goeckingks Charakterisierung von Markus Herz Gültigkeit hat:

„Welch ein liebender Kreis von weisen Freunden umgab ihn!
Jeder schätzte den Arzt, Denker und Spötter in ihm.
Gleich den Weisen Athens liebt er die fröhlichen Zirkel;
Seine Sorgen allein bleiben im Herzen versteckt;
Alles opfert er sonst auf dem Altar der Freundschaft,
Seinen Witz und den Wein, seine Erfahrungen gern."

Friedrich Leopold Günther von Goeckingk ist in Gleims Halberstädter Kreis aufgewachsen und später ein Freund Bürgers; er hat, selber Verfasser des „Liederbuches zweier Liebenden", Henriette Herz gelegentlich ihres Besuches der Leipziger Messe als jungverheiratete Frau kennengelernt, den sie mit Rahel und deren Eltern gemeinsam unternommen hat, und ist aus einem schwärmerischen Verehrer zum Freund beider Eheleute und häufigen Gast in der Neuen Friedrichstraße 22 geworden. Was bedeutet dieses harmonische Beieinander zweier Generationen, die sich geistig scharf voneinander absetzen, dieses Beieinander von Jüngern der Wissenschaft und Jüngern der Kunst, von strenger Lehre und Geselligkeit?

Zum erstenmal, so erscheint es den Verehrern der jungen Schönheit, nimmt hier eine Frau nicht nur Anteil an den Interessen und Gedanken ihres Mannes, sondern geht ihren eigenen Neigungen, die ihrer Generation, ihrer Vorbildung und ihrem Geschlecht gemäßer sind, nach. Zum erstenmal ist hier eine Frau, ohne durch Geburt bevorzugt zu sein, ihrem Mann als Partnerin ebenbürtig. Mögen die Ursachen solcher Partnerschaft vielfältig sein und nicht zuletzt von der Kinderlosigkeit dieser Ehe herrühren, die Wirkung des Herzschen Hauses ist weitreichend und beispielhaft.

Berlin, nach Friedrich Nicolais „Beschreibung der königlichen Residenzstädte Berlin und Potsdam" in der dritten Auflage von 1786 eine Stadt von 110 000 Einwohnern, 30 000 Mann Garnison, 5000 Refugiés und 3372 Juden, eine märkische Doppelstadt im Schatten des Schlosses, in der die Bürgerschaft deutscher Nation an dritter Stelle nach dem Militärstand und den Eximierten (Adel, Hofbeamten) rangiert, ist im Begriff zu einer der Einwohnerzahl entsprechenden großstädtischen Gesellschaftsform zu finden. Die Bautätigkeit der Hohenzollern hat Berlin längst schon das Gesicht der bevorzugten, der Königsstadt gegeben. Schlüter und v. Knobelsdorff, Nahl, Boumann, von Gontard, und in diesen Jahren Langhans, Gilly, Unger, Titel, Heinrich Gentz u. a. prägen das Stadtbild. In den Bürgerhäusern ist der großzügige Anspruch der barocken und der graziösen Rokokobauten aufgenommen worden. Der Wohlstand hat sich mit dem Machtzuwachs Preußens nach dem Siebenjährigen Kriege gefestigt und dank einer nach den Prinzipien des Merkantilismus geförderten und weitschauend geplanten Wirtschaft gesteigert, so daß Madame de Staël bei ihrem Berlinbesuch 1804 feststellen kann, in Berlin sei alles noch so neu wie die Macht der preußischen Könige, um im gleichen abfälligen Ton die Kargheit zu betonen, zu der der Backstein zwingt. Sicher, es ist, wenn auch nicht alles neu, so doch in Bewegung: die Stadt weitet sich aus, die Straßen werden über die Peripherie hinausgezogen, die Spandauer Vorstadt, die Dorotheenstadt, die Gartenstadt südlich des Spittelmarktes (die spätere Luisenstadt) werden in die Planung einbezogen und zunehmend dichter bebaut. Berlin steht in den letzten Jahrzehnten des achtzehnten Jahrhunderts unter dem Zeichen wachsenden Selbstbewußtseins und der Ausformung des berlinischen Geistes. Die Refugiés, die nach dem Edikt von Nantes in der Mark Brandenburg und besonders in Berlin aufgenommen worden waren, sind selbstverständliche Nachbarn geworden, obwohl sie weiterhin auch im neunzehnten Jahrhundert als eigene Gemeinde innerhalb der Stadt zusammenhalten. Die Bevorrechtung für Unternehmer und Fachkräfte aus anderen deutschen Landschaften mit dem Ziel der Wertsteigerung des heimischen Handwerks – und Manufakturerzeugnisse hat viele Begabungen in die Stadt gezogen, die Garnison hat Handel und Handwerk belebt.

Und als besonders fördernde Kräfte eines großstädtischen Lebensgefühls haben sich die in Berlin ansässigen Juden gerade in den Jahrzehnten nach den friderizianischen Kriegen verdient gemacht. Wenngleich sie in Berlin seit der Wiederzulassung durch den Großen Kurfürsten nicht mehr im Ghetto gelebt haben, so können sie doch die neuen Generalprivilegien vom 17. April 1750 kaum als grundsätzlich verschieden von den landesherrlichen Schutzbriefen des Mittelalters ansehen. Noch immer sind ihnen die Handwerke, der Handel mit Wolle, Häuten, Leder, Tabak, Wein und Holz untersagt, die Einbürgerung ist ihnen also nach wie vor so gut wie verschlossen, obgleich sie, auf die freien Künste, die Heilkunst, die Geldgeschäfte angewiesen, nicht ohne Einfluß sind. Im Gegenteil: die Bankiers Veitel Ephraim und Daniel Itzig haben dank ihren weitreichenden internationalen Verbindungen den Siebenjährigen Krieg finanziert (durch die viel angegriffene, vom König 1758 anberaumte Münzverschlechterung) und haben das Risiko der Münzaufwertung nach dem Krieg getragen. Ihre Anerkennung als „christliche Kaufleute" ist die immer noch mittelalterlich bestimmte Gunst, die Fürsten und Könige in Europa ihren jüdischen Bankiers gewähren. Nicht mehr als siebzig Häuser darf die Judenschaft in Berlin besitzen, die kurmärkische Kriegs- und Domänenkammer hat über ihre Verhältnisse und Veränderungen zu entscheiden, das Kammergericht ist für ihre Rechtsangelegenheiten zuständig; die Religionsausübung steht ihnen frei; sie haften als Gemeinde füreinander; die Ältesten der Berliner Judenschaft, Daniel Itzig und Jacob Moses, werden 1775 vom König zu immerwährenden Oberältesten „in sämtlichen königlichen Landen" ernannt und für die Durchführung der Generalprivilegien verantwortlich gemacht.

Aber der Zustand der bloßen Duldung wird in diesen Jahren nicht nur innerhalb der jüdischen Gemeinde Berlins als anachronistisch empfunden. In den „Bemerkungen eines Reisenden durch die königlich-preußischen Staaten" von 1779 finden sich u. a. folgende Notizen über die Berliner Judenschaft: „Ihr Benehmen, besonders derjenigen, welche eine gute Erziehung genossen haben, ist fein und artig ... die Vornehmen oder überhaupt diejenigen, welche nach guten Grundsätzen erzogen sind, gehen viel mit Christen um, nehmen gemeinschaftlich mit ihnen an unschuldigen Zerstreuungen teil, und oft sieht man es ihnen kaum an, daß sie Juden sind. Sehr viele tragen ihre Haare jetzt ebenso wie die Christen und unterscheiden sich auch in der Kleidung nicht von uns ... unter allen Vergnügungen lieben die Juden das Schauspiel am meisten. Am Sonnabend ist das Parterre großen Teils von ihnen besetzt. Bei gutem Wetter sieht man sie an diesem Tage in Schaaren im Thiergarten oder Unter den Linden spazieren gehen."

Der Reisende erwähnt auch ihre gelehrten Köpfe unter besonderer, ja, begeisterter Hervorhebung von Moses Mendelssohn. Als einer der Großen der Aufklärung und unantastbare Persönlichkeit denkt und lebt er seinen Glaubensgenossen vor, wie sie ohne Gewalt, ohne Aufbegehren und dennoch selbstgewiß fähig werden können, in die ihnen vorläufig nur Gastrecht gewährenden Staaten und Gemeinden einzuwurzeln.

Er ist bis über die Mitte seines Lebens Schutzjude seines Brotgebers, des Seidenfabrikanten Bernhard, und jederzeit hat ihm der Aufenthalt in Berlin wieder untersagt werden können. Dennoch hat er, seitdem er dreizehnjährig aus Dessau kommend am Rosenthaler Tor Einlaß begehrt hatte (das damals den Juden als einziges Berliner Tor offenstand), nicht

nur das Studium der Bibel, der Kommentare und des Mai-
monides weiterbetrieben, sondern in lateinischen, in französischen und englischen und vor allem deutschen Sprach-
studien, in der Auseinandersetzung mit Euklid und den Philosophen, welche die Zeit erregten, sich das Wissen der
Gebildeten seiner Generation zueigen gemacht. Der einge-
schränkte Bildungsgang des jungen, begabten Juden, der noch
vom Leben im Ghetto bestimmt ist, scheint für Mendelssohn
eine der Hauptursachen der jüdischen Deklassierung zu sein.
Aber er hält, anders als die Generation nach ihm, die Religion der Väter hoch. Er verteidigt sie in der die Zeitgenossen erregenden Auseinandersetzung mit Lavater, der ihn
anläßlich der Zueignung seiner (Lavaters) Übersetzung der
Bonnetschen „Untersuchung der Beweise für das Christen-
thum" aufgefordert hatte, diese zu widerlegen, „wofern Sie
die *wesentlichen* Argumentationen, womit die Thatsachen
des Christenthums unterstützt sind, nicht richtig finden:
Dafern Sie aber dieselben richtig finden, zu thun, was Klugheit, Wahrheitsliebe, Redlichkeit Sie thun heißen; – was So-
krates gethan hätte, wenn er diese Schrift gelesen und un-
widerruflich gefunden hätte." Die Behutsamkeit der Mendelssohnschen Antwort auf diese taktlose Herausforderung
ist erschütternd, wenn es da heißt: „Der Stand, welcher mei-
nen Glaubensbrüdern im bürgerlichen Leben angewiesen
worden, ist so weit von aller *freyen* Uebung der Geisteskräfte
entfernt, daß man seine Zufriedenheit gewis nicht vermeh-
ret, wenn man die Rechte der Menschheit von ihrer wahren
Seite kennen lernt." Nach der Darstellung seiner Wert-
schätzung beider Religionen und Darlegung seiner Kenntnis
auch der „menschlichen Zusätze und Misbräuche" der mosai-
schen Religion bekennt er: „Die verächtliche Meinung, die
man von einem Juden hat, wünschte ich durch Tugend, und
nicht durch Streitschriften widerlegen zu können." Sein un-
politisches Judentum: „. . . allein wir können nicht leugnen,
daß der natürliche Trieb zur Freiheit in uns alle Thätigkeit

verloren hat . . . Er hat sich in eine Mönchstugend verändert", bestätigt ihm, wenn auch weit in die Utopie echter
Toleranz vorausweisend, Lessing, mit dem ihn lebenslange
Freundschaft verbindet, in seinem „Nathan der Weise" und
bekräftigt, wenn auch nüchterner, der Buchhändler Friedrich
Nicolai in dem Roman „Sebaldus Nothanker", der den muffigen Zeitgeist des frömmelnden Bürgertums kritisiert.

Dieses Dreigestirn des weisen Buchhalters im Seidenhandel,
des genialen Schriftstellers und des mutigen Buchhändlers
hat die geistige Haltung Berlins in diesen Jahren entscheidend
beeinflußt, ob auch Lessing in Breslau, Wien, Hamburg und
Wolfenbüttel rastlos nach dem Ort sucht, der ihm Ruhe zur
Verwirklichung seiner Pläne schenkt; ob auch Mendelssohn
nicht in die Akademie aufgenommen wird; und ob auch Nicolais aufklärerischer Eifer schon der nächsten Generation
lächerlich erscheint. Sie haben in ihrem Bemühen um die
deutsche Literatur nicht nur die höfische Vorliebe für französische Literatur abbauen helfen, sondern mit aller Ent-
schiedenheit an der Geschmacksbildung des deutschen Lese-
publikums gearbeitet. Sie haben im Vorgefühl des Verfalls
des Feudalismus den Bürger zur geistigen Mitarbeit aufgeru-
fen und ihm eine sittliche Verantwortung zugebilligt, die
über den Zusammmbruch Preußens hinaus das Selbstbewußtsein des Bürgertums geformt hat.

Es war notwendig, die Zeitstimmung in Berlin zu skizzie-
ren, die nach dem Hubertusburger Frieden bis in Friedrichs II. letzte Lebensjahre vorherrschend gewesen ist, wenn
auch die Aufführung von Goethes „Götz von Berlichingen"
und die Werther-Leidenschaft bereits eine neue, weniger
strenge, leidenschaftlicher auf sich bezogene Generation angekündigt hat. „Etwas Weibliches, um nicht zu sagen Weibi-
sches ist ihm (Werther) angeboren. – Und wenn er hätte
handeln wollen, handeln können, welch ein Feld für das
Handeln hätte ihm sein Vaterland geboten! Werther gehört

ganz seiner Zeit an; er teilt alle ihre Antipathien und Sympathien, namentlich aber alle Illusionen, ihren Glauben an die Unfehlbarkeit des Individuums –" (Karl Hillebrand „Die Wertherkrankheit in Europa" in Zeiten, Völker und Menschen" 1881).

Der Bildungsaufschwung in den jüdischen Familien vollzieht sich unter dem Zeichen dieser Spannungen. Die gesellschaftliche Bedeutung der jüdischen Salons in den zweieinhalb Jahrzehnten bis zur preußischen Niederlage ist aus der Achtung vor dem geistigen Partner, jener Denkhaltung der Aufklärung, ebenso zu begreifen wie aus der Bewunderung des Individuums. Diese Juden gleichen in nichts mehr denen, die der Bürger der Brunnenvergiftung, des Feuerlegens und der Reliquienschändung zu verdächtigen bevorzugte; sie erinnern sich auch selber nicht mehr an die Zeiten ihrer Demütigungen. Sie leben ganz bewußt ohne eigene Geschichte und sind daher aufgeschlossen für alles Neue. So werden die jüdischen Häuser wirklich zu Stätten der Begegnung. Der Adel und das gebildete Bürgertum sind fasziniert von der Weltoffenheit der großen jüdischen Familien, die über die Städte Europas hin versippt und verschwägert sind. Berlin liegt abseits der großen weltoffenen Häfen, abseits auch der großen Wasserstraßen und alten Handelswege, die in den Seestädten und den Städten Süd- und Westdeutschlands im Mittelalter ein Großbürgertum hatten entstehen lassen, dem Souveränität, Bildung, Eleganz zu eigen gewesen waren. Erst in diesen Jahrzehnten, in denen Toleranz der Ausweis der Modernität und genialischer Überschwang der Ausweis der Persönlichkeit sind, holt die Residenzstadt an der Spree die Entwicklung großstädtischen Lebensgefühls nach. In den jüdischen Familien ist es vorgeformt. So ist es ganz folgerichtig, daß die Hoffnung auf Emanzipation, also auf bürgerliche Gleichstellung der Judenschaft, so wie sie Mendelssohn hochgehalten hat, von dem Bestreben nach Assimilation an die umgebende christliche, spätfeudalistische und kaum schon ausgeprägt bürgerliche Gesellschaft abgelöst wird, obgleich 1781 des Geheimen Rats Christian Wilhelm Dohms Flugschrift „Über die bürgerliche Verbesserung der Juden" erscheint, deren Reformvorschläge erst drei Jahrzehnte später mit der Emanzipation der Juden in Preußen staatsrechtlich verwirklicht werden. Immer folgen ja die Gesetze den gesellschaftlichen Entwicklungen hintennach.

Im Ehepaar Herz stellt sich der Anschauungswandel zwischen den Generationen dar. Markus, 1747 geboren, ist ohne Mendelssohn nicht zu verstehen; er ist noch in seiner Freude an einer gepflegten bürgerlichen Tafel ein Mann der Aufklärung, seiner selbst bewußt; das Weiterreichen von Kenntnissen ist ihm Bedürfnis ebenso wie die nüchterne treue Pflichterfüllung als Arzt. Kantianer durch und durch und im Umgang von einer trockenen Herzlichkeit, erschreckt ihn die religiöse Inbrunst Hamanns und Klopstocks, und er belächelt fast väterlich seine junge, dank ihrer Schönheit verwöhnte Frau, die in der Empfindsamkeit Steigerung sucht. Henriette lebt die Entwicklung der Tochter aus jüdischem Hause vor, für die das patriarchalische Gefüge der Familie noch nicht gelöst, aber schon gelockert ist, und die darum begierig die Gegenwart einsaugt, sobald sie ihrer geistig und gesellschaftlich habhaft wird. Anders als die Töchter Mendelssohns, die der Vater – durchaus revolutionär – neben der Erlernung häuslicher Fertigkeiten an Bücher und Sprachen herangeführt und der dann doch auf die traditionelle Frühheirat Dorotheas gedrungen hat, holt Henriette Herz ihre Bildung erst in der Ehe nach und bleibt bei aller Vielbelesenheit immer ein wenig halbgebildet. Die schon erwähnte Kinderlosigkeit der Ehe bedingt wohl das Hochspielen der Jugendlichkeit und das spätere jungfernhafte Gebaren, das ihr manchen Spott eingebracht hat. Gewiß aber ist die Unsicherheit ihrer Überzeugungen und Meinungen, die sie zeitlebens mit Vielwissen zu überspielen sucht, auf die übliche geistige Vernachlässigung der Töchter zurückzuführen.

Plötzlich als junge, kaum dem Mädchenalter entwachsene Frau gerät sie in Berührung mit den Gedanken und dem Wissen der Zeitgenossen, hört sie die Gespräche derer, die um ihres Mannes willen in ihr Haus gekommen sind. Was wunder, daß sie, eine wirkliche Schönheit, wie alle Porträts bezeugen, von hohem Wuchs, dabei aber wie ein verwöhntes Kind empfindlich eitel, sich in den Mittelpunkt der Gesellschaft zu spielen bemüht ist, und mit Charme, Eleganz und dem ernsthaften Eifer des begabten Kindes, sich den Partnern gewachsen zu zeigen, die Rolle der interessierten Dame bald ausfüllt! Ihre jähe Entwicklung, ihre Aneignung von Sprachen und Kenntnissen spricht für eine eigentümlich rasche Auffassungsgabe. In allen jüdischen Häusern, die in dieser Zeit in Berlin Bedeutung gewinnen, findet sich diese in langen Jahrhunderten unverbrauchte Intelligenz der Frauen.

Henriette Herz ist 1764 als Tochter des Arztes de Lemos in Berlin geboren, wohin jener aus Hamburg zur Leitung des jüdischen Krankenhauses berufen worden ist. Die Familie de Lemos entstammt dem portugiesischen Judentum und ist im fünfzehnten oder sechszehnten Jahrhundert nach Deutschland eingewandert. In ihren „Jugenderinnerungen" gedenkt Henriette Herz ihres Vaters mit großer Zärtlichkeit. Sie ist das erste Kind aus zweiter Ehe, das erste Kind, das ihm am Leben bleibt, und kennt nur den Alternden. Hochgewachsen und von unerschütterlicher Gesundheit, scheint ihm natürliche Würde angeboren und sich in seinem Verhalten als Arzt ebenso gespiegelt zu haben wie in seinem Verhalten als Vater. Die Abende vor dem Sabbath, an denen die Tochter den Eltern vorzulesen pflegt – der Vater hört am liebsten Schauspiele –, strahlen häuslichen Frieden aus. Seine Versuche, die Tochter mehr als nur Haus- und Nadelarbeiten lernen zu lassen, zeigen den Einfluß Mendelssohns, machen allerdings auch die Schwierigkeiten der Ausbildung für die Töchter weniger bemittelter Familien deutlich, die auf demissionierte Offiziere, alternde Gelehrte und zuweilen auf Studenten als Erzieher angewiesen sind. Henriette eignet sich vor allem das Lesen an und versorgt sich wahllos von der Leihbücherei; sie entdeckt aber auch die Lust an fremden Sprachen, die sie dann in späteren Jahren sehr pflegt. Außerdem gibt ihr eine Lesegesellschaft, die sich wöchentlich im Mendelssohnschen Hause trifft, Anregungen. Nach den „Jugenderinnerungen" hat der Vater an der Begabung des Mädchens Freude, während es mit der Mutter häufig zu Zusammenstößen kommt. Sie erscheint herb, überarbeitet, von den Geburten erschöpft und zuweilen sentimental. Ihre Lage ist die gewöhnliche der Frau der damaligen Zeit. Die geistigen Fähigkeiten werden kaum geweckt und müssen verkümmern, sobald die Familie anwächst, die religiösen Pflichten bleiben die einzigen Ausblicke aus dem Vier-Wände-Leben und fördern eine zuweilen überstrenge Religiosität, wie sie sich auch in Frau de Lemos im Widerspruch zu ihrer lebensfrohen Familie zeigt. Die Eltern richten sich noch nach den jüdischen Kleidervorschriften. Henriette jedoch genießt es, nach der Heirat nicht den strengen Kopfputz der jüdischen Frau tragen zu müssen, sondern ihr schönes volles Haar zeigen zu können.

Jahr um Jahr löst sich die Isolierung, in der die Judenschaft gelebt hat. Dennoch ist die Geselligkeit innerhalb der Gemeinde voll entwickelt. Hochzeiten werden zu Festen aller, das Komödiespielen in den reichen Häusern, die Bräuche der religiösen Feste, die das Jahr durchziehen, bezeugen eine dem chassidischen Judentum gar nicht fremde Lebensfreude. Die Krisen, die eine Rahel später durchzustehen hat, sind Krisen des Einschmelzungsprozesses in die Umwelt, Krisen, die aus dem Verlust der Glaubenssicherheit herrühren, Krisen, an denen die nunmehr re-agierende Gesellschaft teil hat. Noch liegt über dem Aufbruch in die Umwelt der Glanz morgenfrischer Stimmung, das Pathos der Menschenverbrüderung.

Zu den Gästen des früh schon jovialen Markus Herz gehören ernsthafte Herren wie Gedicke, der Direktor des Friedrich-Werder-Gymnasiums, und Biester, Freund Gottfried August Bürgers, der mit Gedicke zusammen die „Berlinische Monatsschrift" herausgibt, sowie auch Nicolai, Mendelssohn und der Odendichter Ramler, die Theologen Spalding und Teller. Häufig gesellen sich durchreisende Ärzte dazu; denn Markus Herz hat einen Namen in seinem Fach, seitdem er das „Buch an Ärzte" veröffentlicht hat.

Im Salon der Dame des Hauses treffen sich der junge Schadow, der an einer Büste Henriettes arbeitet, Gustav von Brinckmann, Mitglied der Schwedischen Gesandtschaft in Berlin, ein vortrefflicher Gesprächspartner und Literaturkenner, ferner die Grafen Dohna, die später auch ihren Lehrer Schleiermacher ins Herzsche Haus einführen. Wilhelm und Alexander von Humboldt sind mit ihrem Haushofmeister von Kunth zu Markus Herz' physikalischem Kolleg ins Haus gekommen, haben sich aber sehr bald seiner jungen Frau angeschlossen. Zusammen mit Carl Laroche (dem Sohn der von Wieland verehrten Sophie Laroche), mit Sara und Marianne Meyer, zwei schönen Jüdinnen, später als Baronin Grotthus und Marianne von Eybenberg aus Goethes Freundeskreis in den böhmischen Bädern bekannt, zusammen auch mit Dorothea Veit, geb. Mendelssohn, ihrer Schwester Henriette und der Herrin des Hauses gründen sie einen sogenannten Tugendbund. Von freimaurerischen und pietistischen Ideen getragen, fördert er eine seltsame Geselligkeit mit Pfänder- und Schäferspielen, heimlichen Küssen und schwülstigen Briefen. Verspätet kindisch und verlogen erotisch, scheint er aus dem Übermut und der Langenweile einer Jugend geboren, die zu früh zu den Erwachsenen gezählt wird. Später werden Therese Heyne, Sophie Schubert und Caroline von Dacheröden als korrespondierende Mitglieder des Tugendbundes aufgenommen. (In Caroline findet Wilhelm von Humboldt sehr bald seine Lebensgefährtin.

Auf Therese Heyne wartet eine unruhige Ehe an der Seite des Forschungsreisenden und hitzköpfigen Politikers Georg Forster, die sie nicht durchhalten kann; auch Sophie Schubert findet erst in zweiter Ehe an Clemens Brentanos Seite ein kurzes, leidenschaftliches Glück bis zum Tode im Kindbett.)

Der schon genannte Goeckingk fühlt sich vom Tugendbund angezogen. Auch der Darmstädter Franz Leuchsenring, eine phantastisch zwiespältige Erscheinung, gesellt sich hin und wieder dem Tugendbund zu. Derzeit ist er mit der Erziehung des Prinzen Wilhelm betraut. Durch einen Aufsatz, den er in den „Berlinischen Monatsheften" veröffentlicht, in dem er auf kryptokatholische Bemühungen innerhalb des Protestantismus hinweist, erregt er viel Aufsehen. Als einer der führenden Rosenkreuzer, einem Geheimbund, der, dem Spiritismus zugeneigt, gegen die Aufklärung gerichtet ist und die leitenden Männer der preußischen Politik des nachfriderizianischen Jahrzehnts vereinigt, hat Leuchsenring großen Einfluß auf Friedrich Wilhelm II. Erst später wird er aus Berlin verwiesen und geistert noch lange in den Briefwechseln der Romantiker. Er ist ein konfus genialer Mann, hat u. a. die Schaffung einer Weltsprache und Wörterbücher und Literaturgeschichten geplant. Seinen magischen Charme beweist sein Einfluß auf Frauen, wie etwa auf Herders hausmütterliche Braut Karoline Flachsland, auf Veitel Ephraims verwöhnte Tochter Adele oder die adlige Hofdame Fräulein von Bielfeld, die schließlich mit ihm nach Paris geht. (Goethe hat Leuchsenring als Pater Brey, Arnim ihn als Prediger Frank in „Armut, Reichtum, Schuld und Buße der Gräfin Dolores" dargestellt.)

Die Lebenswege der Tugendbündler haben bald auseinander – und doch auch wieder zusammengeführt. (Nach Henriette Herz' Verwitwung sucht Henriette Mendelssohn, selber als Erzieherin in Paris, ihr dort eine ähnliche Stellung zu vermitteln. Nach ihrem Übertritt zum Christentum besucht die Herz ihre alte Freundin Caroline von Humboldt in Rom und trifft dort zum zweiten Male mit Dorothea Schlegel, geb. Mendelssohn, zusammen, die ihre Ehe mit Veit um ihrer Leidenschaft für Friedrich Schlegel willen gelöst hat. Und noch der greise Alexander von Humboldt verschafft der alten Freundin kurz vor ihrem Tod eine Rente König Friedrich Wilhelms IV., Henriette Herz' letzte Freude am Ende einsamer Jahre.) Aus aller Überspanntheit der hitzigen Tugendbundjahre sind denn doch echte Freundschaften erwachsen.

Ohne die Begegnung mit Schleiermacher aber wäre Henriette Herz über den Konversationston dieser frühen Jahre, der ihren vielseitigen, wenn auch wenig vertieften Interessen so sehr entgegengekommen ist, wohl kaum hinausgelangt. Gewiß erscheint sie zeitlebens redselig, doch prägt sich später eine mütterliche Begabung aus, die in den Jahren ihrer Ehe – und es sind die Jahre ihres Salons – noch nicht spürbar ist. Eine Episode, die Schadow noch aus den achtziger Jahren berichtet, charakterisiert die Herzsche Ehe: Ohne Gesellschaft beieinander horchen sie auf den Jubel aus einem gegenüberliegenden Tanzlokal – auf das „Juchhe", schreibt Schadow. Henriette klagt, ihre ganze Bildung lasse sie doch niemals so fröhlich sein wie die da gegenüber! Darauf erwidert ihr Mann sehr ruhig, daß diese Leute auch niemals in den stillen Genuß eines Buches oder Gespräches kämen. Die Spannung der Ehe ist die Spannung zwischen den Generationen. Die wenigen Briefe von Markus Herz zeigen eine fast väterliche Freude an der jungen Frau. Henriettes Gebaren ist das einer Primadonna. Erst durch Schleiermacher gewinnt sie Fraulichkeit. Durch ihn fügt sich ihr konfuses Wissen zusammen. Sie ist fast dreißigjährig, als er in ihr Haus eingeführt wird, noch als flüchtiger Gast, denn er ist noch Adjunkt in Landsberg an der Warthe und wird erst 1796 Prediger an der Charité in Berlin. Als Hauslehrer in Schlobitten hatte er sich die Zuneigung der Grafen Dohna erworben, die ihn nun als einen Freund im Hause Herz vorstellen. Schleiermachers überaus gewinnendes Wesen, das die Mitlebenden immer wieder bezeugen, hat auch Henriette Herz erreicht. Die Gespräche müssen sehr bald den Konversationston überwunden haben.

Die „Reden über die Religion – Für die Gebildeten unter ihren Verächtern", die Arbeit an den „Monologen" und die Inangriffnahme der Plato-Übersetzung, die mit Friedrich Schlegel gemeinsam verabredet wird, haben Schleiermachers Begegnungen mit der Herz geprägt und haben ihr diffuses Lernbedürfnis auf des Mannes Bemühen um Sinngebung der individuellen Existenz hin gerichtet und ihr damit eine geistige Partnerschaft zugebilligt, die sie vorher und nachher in ihrem Leben niemals gefunden hat. Ein Brief vom September 1798 läßt darauf schließen, daß die nunmehr Vierunddreißigjährige Schleiermacher die Not ihres Lebens, für niemand sorgen zu können und nichts voranzubringen, geklagt haben mag. Er antwortet: „Eigentlich giebt es doch keinen größeren Gegenstand des Wirkens, als das Gemüth, ja überhaupt keinen andren, wirken Sie etwa da nicht? O Sie fruchtbare, Sie vielwirkende, eine wahre Ceres sind Sie für die innere Natur und legen einen so großen Accent in die Thätigkeit der Außenwelt, die so durchaus nur Mittel ist, wo der Mensch in dem allgemeinen Mechanismus sich verliert, von der so wenig bis zum eigentlichen Zweck und Ziel alles Thuns hingedeiht und immer tausendmal so viel unterwegs verloren geht! . . . Sehen Sie nur, was Sie gethan haben und noch thun und thun werden und gestehen Sie, daß dieses Thun und Bilden unendlich mehr ist, als Alles, was der Mensch über das große Chaos, welches er sich zurechtmachen soll, gewinnen kann." Schleiermacher hält der Frau den Spiegel vor, der ihr zeigt, wer sie ist. Er festigt ihr Selbstvertrauen und vertieft es, indem er ihre persönliche Wirkung als ihre Aufgabe umreißt.

Es ist jetzt stiller um Henriette Herz. Die Brüder Humboldt haben Berlin verlassen, um zu studieren, die alten

Herren um Markus Herz, Spalding, Teller und Nicolai sind ins Greisenalter gerückt, Mendelssohn ist längst tot. Der Freundeskreis rückt enger zusammen. Das Schicksal der ältesten Tochter Mendelssohns, Dorothea, die Anfang 1799 ihre Ehe mit Veit löst und Friedrich Schlegels Gefährtin wird, beschäftigt die Freunde. Tieck und Wackenroder und der geistreiche Friedrich Schlegel suchen nach neuen Spielregeln der Literatur, die ein Menschenalter vor ihnen von Lessing mit der Würde der Menschheitsidee ausgestattet worden ist. Die Konzentration auf das Ich, die Antwort auf das von der Aufklärung entworfene Menschenbild ist dem fraulichen Denken recht gemäß. Henriette Herz genießt den kleineren Kreis. Schleiermacher berichtet seiner Schwester Charlotte, die seines Umgangs mit jüdischen Frauen wegen in Sorge ist, von Sommertagen im Herzschen Gartenhaus im Tiergarten, wo Henriette ihn Italienisch lehrt, wo sie gemeinsam lesen und auch jeder für sich arbeiten, und beruhigt die Schwester, daß seine Freundschaft zu Henriette durchaus ohne Begehren sei und von Markus Herz, dem vielbeschäftigten Arzt – er hat nach dem Tode des Schwiegervaters die Leitung des jüdischen Krankenhauses übernommen – gern gesehen werde. Herz ist es wohl nicht entgangen, daß seine Frau in der bloßen Erfüllung gesellschaftlicher Pflichten nicht Genüge findet. Es gibt ein Billett, auf dem er Henriette auf Gäste vorbereitet, die zu Tisch mitzubringen er leider nicht vermeiden könne. „Du mußt es schon machen. Es bedarf keiner Traktierung." Es muß dem feinfühligen Mann nur angenehm gewesen sein, daß die jugendliche Flatterhaftigkeit Henriettes intensiver Lebenszugewandtheit gewichen ist, und es nimmt nicht wunder, daß er Schleiermacher freundschaftlich zugetan ist, obwohl der in seinem Denken die junge Generation vertritt. Sie reisen zu dritt ins Bad Freienwalde, sie sind oft zu dritt beieinander. Die immer besorgte Charlotte Schleiermacher liest über das gesellige Leben Berlins und das Herzsche Haus: „Daß junge Gelehrte und Elegants die hiesigen großen jüdischen Häuser fleißig besuchen, ist sehr natürlich, denn es sind bei weitem die reichsten bürgerlichen Familien hier, fast die einzigen, die ein offenes Haus halten, und bei denen man wegen ihrer ausgebreiteten Verbindungen in allen Ländern Fremde von allen Ständen antrifft. Wer also auf eine recht ungenirte Art gute Gesellschaft sehn will, läßt sich in solchen Häusern einführen, wo natürlich jeder Mensch von Talenten, wenn es auch nur gesellige Talente sind, gern gesehn wird und sich auch gewiß amusirt, weil die jüdischen Frauen – die Männer werden zu früh in den Handel gestürzt – sehr gebildet sind, von allem zu sprechen wissen und gewöhnlich eine oder die andre schöne Kunst in einem hohen Grade besitzen. Auch ich würde ein paar von diesen Häusern besuchen, wenn ich nicht den Zirkel meiner Bekanntschaften ein für allemal geschlossen hätte, und wenn mich nicht dieses Mißverhältnis zwischen beiden Geschlechtern abschreckte, bei dem es nur gar zu auffallend ist, daß man nur der Frauen wegen hingeht. Mit Herzen's und Veit's ist das eine ganz andere Sache. Die ersten sehen zwar auch viele Fremde, und es kommt nicht leicht ein merkwürdiger Mensch nach Berlin, der sie nicht besuchte, und auch hier sind sie in den ausgebreitetsten Verbindungen, aber sie halten doch nicht, was man ein offenes Haus nennt, und ich besonders bin meistens en famille bei ihnen und vermeide es, große Gesellschaften dort zu sehen, weil mir wirklich zu wenig daran liegt. Sie besonders, die Herz, schränkt ihre persönliche Bekanntschaft sehr ein, und wenn sie nicht des Mannes wegen müßte und weil sie eine bekannte Frau ist, so würde sie gewiß nur mit ein paar Menschen leben."

Soweit Schleiermacher, dessen „Reden über die Religion" zu der Zeit revolutionär wirken, weil sie die Religion vom Dogma als von der Reflexion über die Religion trennen wollen und deshalb scharf für die Trennung von Kirche und Staat plädieren, die die Religion aber auch von der Metaphysik ausklammern und einzig das Gefühl des Universums, die ständig mögliche Vergegenwärtigung des Göttlichen als Kraftzentrum der Religion anerkennen. „Deutet nicht des Geistes Vermählung mit dem Leibe auf seine große Vermählung mit allem, was leibähnlich ist? Erfaß' ich nicht mit meiner Sinne Kraft die Außenwelt? trag' ich nicht die ewigen Formen der Dinge ewig in mir? und erkenn' ich sie nicht so nur als den hellen Spiegel meines Innern?" fragt er denn auch in den „Monologen". Seine geistige Herkunft aus dem Pietismus der Herrnhuter läßt ihn die Entdogmatisierung der Religion anstreben. Es ist der Versuch, die blasse Frömmigkeit der Zeit nach der Aufklärung zu überwinden und eine Religion zu schaffen, die der idealistisch-humanistischen Bildung gerecht wird. Für Henriette Herz stellt dieses Leitmotiv Schleiermacherschen Denkens die Verbindung zwischen ihrer jüdischen und der Religion ihrer Freunde dar. Die Konturen der geoffenbarten Religionen, die Mendelssohn noch einmal umrissen hatte, lösen sich in dieser Generation auf. Und doch stimmt Schleiermacher gegen den Vorschlag David Friedländers, der als Judenältester die allgemeine Taufe der Judenschaft anbietet, um die Assimilation in der Gesellschaft zu erleichtern; denn er fürchtet für die Verwässerung der Religiosität, wenn der Akt religiösen Brauchtums, die Taufe, zum Politikum gemacht wird. Henriette, die ihr Judentum in ihrer bevorzugten Lage nie als Last empfunden hat, stimmt mit Schleiermacher überein. Sie wechselt erst Jahre nach dem Emanzipationserlaß und in stiller Vorbereitung auf einer Landpfarre den Glauben. Für sie bleibt die einschneidendste Erfahrung dieser Partnerschaft sie selbst. Die launische Biegsamkeit der Tugendbundjahre ist überwunden. So vertieft sich auch die Freundschaft zu Alexander von Dohna zu einer Herzlichkeit, deren Henriette vordem nicht fähig gewesen ist. Daß sie ihn dennoch abweist, als er nach dem Tode ihres Gatten um ihre Hand anhält, zeigt eine Versteifung auf Grundsätze, mit der Henriette auf die Kultivierung des Individualismus reagiert, der im letzten Jahrzehnt des Jahrhunderts zur Trennung vieler Ehen geführt hat. Henriette ist zu prüde, um ihren Gefühlen ganz zu trauen. Ihre Hinwendung zu einer Tugendhaftigkeit, die sie später bigott erscheinen läßt, entspricht ihrer Fähigkeit, sich abzugrenzen. Dennoch nimmt sie innigen Anteil an der Leidenschaft Dorothea Veits für Schlegel und an der Leidenschaft Schleiermachers für Eleonore Grunow, der Gattin eines Kollegen. Die Entstehungsgeschichte von Friedrich Schlegels „Lucinde" beschäftigt die Freunde. Dorothea schreibt aus Jena, wohin sie Schlegel gefolgt ist: „Oft wird mir heiß und wieder kalt ums Herz, daß das Innerste so herausgeredet werden soll – was mir so heilig war, so heimlich, jetzt nun allen Neugierigen, allen Hassern preisgegeben." Schleiermacher verteidigt das heftig angegriffene Buch, Henriette bleibt zurückhaltend aber wohl kaum minder bewegt.

Von den Schrecken der nachrevolutionären Jahre in Paris dringt wenig oder nichts in die Gespräche der Freunde. Berlin scheint himmelweit entfernt von den Kriegsschauplätzen, auf denen der junge Buonaparte seinen ersten Ruhm erkämpft. Berlin feiert die Menschenverbrüderung und entdeckt die Liebe als eine Urkraft neu. Immer wieder taucht der nun schon gefestigte Begriff ‚Elektrizität' zur Charakterisierung zwischenmenschlicher Verhältnisse auf. Man gibt sich modern. Die vierzig Jahre des Friedens in Preußen haben an der Verherrlichung des ego, an dem Leitmotiv des Idealismus mitgewirkt: die Selbstverwirklichung erscheint als das Ziel des Menschengeschlechts. Die Jahre der Prüfung und Erhärtung stehen dieser idealen Zielsetzung noch bevor; auch für Henriette Herz, die nun auf der Höhe ihres Lebens gesteigert durch die Freundschaft noch einmal ihre erotische Ausstrahlung genießen kann, ohne vom Spott erreicht zu werden

„Schleiermacher ist der Parasol der Madame Herz", sagt

der Volksmund oder auch, als Text unter einer Karikatur, die die überaus stattliche Henriette mit dem kleinen verwachsenen Schleiermacher im Strickbeutel zeigt: „Die Hofrätin hat sich einen Ridicule angeschafft." Böser schreibt Friedrich Schlegel: „Die Weiblichkeit dieser Frau ist doch wirklich so gemein, daß sie selbst diesen fünften Mann am Wagen (Schleiermacher) allein besitzen muß, wenn es ihr Freude machen soll." Ludwig Robert, Rahels Bruder, lästert:

> „Junonische Riesin,
> Egypt'sche Marquisin,
> Tugendverübend,
> Treuer, als liebend,
> Entzückt mit Gewalt.
> Hundertfach herzlos,
> Edel und schmerzlos,
> Rüstig und kalt,
> Zu jung für so alt.
> Jette Herz."

Jean Paul, der sie bei seinen Berlinbesuchen flüchtig kennengelernt hat, sagt über sie: „Die sehr schöne hingezogene Mittel – Marks – Ebene, Madame Herz, eine kalte Musaik zufälliger Urteile –" und Wilhelm von Humboldt schreibt sehr viel später sich erinnernd: „Ich kenne Frauen, denen niemand Geist absprechen kann noch absprechen wird; sie besitzen viele und selbst gelehrte Kenntnisse. Im Gebiete der Wissenschaften ist ihnen wenig fremd, sie haben alles gelesen, was in die neuere und frühere Zeit fällt, und selbst die Schriften und Schriftsteller der Vorzeit sind ihnen bekannt, und ihre Unterhaltung ermüdet, und ihre Briefe sind kaum zu lesen. Man fragt sich, woran das liegt, und die Antwort ist nicht leicht. Gewiß aber ist die Sprache ein Haupterfordernis, und sie ist nicht allen verliehen." Wie erklärend aber stellt Prinz Louis Ferdinand die Vierzigjährige der Herzogin von Curland vor: „Betrachten Sie diese Frau. Sie ist nie so geliebt worden, wie sie es verdiente."

Vielleicht hat sie auch nie so lieben können, wie es von ihr erwartet worden ist. Denn die leidenschaftliche Hingabe ist ihr versagt geblieben, vom Typ her eine mütterliche Frau, die nur die Kokette spielt. Ihre Klage an Schleiermacher, nichts zu wirken, hat ihre eigentliche Not ausgedrückt. Als Schleiermacher und Alexander von Dohna beide 1802 Berlin verlassen, der eine, um Hofprediger in Stolp, der andere, um Kammergerichtsrefrendar in Marienwerder zu werden, nimmt Henriette ihre jüngere Schwester Brenna zu sich, um die Leere im Haus und in sich selbst auszufüllen, und als im November des Jahres der siebzehnjährige Börne aus Frankfurt in Markus Herz' Wohnung einzieht, um bei dem berühmten Arzt seine medizinischen Studien zu beginnen, entfaltet Henriette eine mütterliche Sorgfalt, die niemand von ihr erwartet hat. Der junge Mann aber ist fasziniert von ihrer außerordentlichen Schönheit und steigert sich in eine ekstatische Verehrung, für die sie nicht ganz unempfindlich scheint. Der unerwartete Tod von Markus Herz Mitte Januar 1803 findet Henriette so sachlich, als hätte sie Kinder großzuziehen, die ihr nicht gestatteten, sich fallen zu lassen. Die Scheu, ihren Gefühlen freien Lauf zu lassen, verrät die Tiefe der ehelichen Bindung und ist ihr selbst neu. So wenig weiß sie bei allem Selbstgefühl mit sich Bescheid, so unfähig ist sie zur Reflexion. „Es giebt ernste Eindrücke und Wirkungen, der begleitenden Umstände, über die man nicht vorher fertig sein konnte. – Laß sie ruhig ihr Recht behaupten", tröstet Schleiermacher aus Stolp. Doch Henriettes Reaktion ist wiederum typisch für das Mütterlich-Tätige ihres Wesens. Sie entschließt sich sehr schnell, für Börne weiterhin Studentenmutter zu sein. Wie wenig souverän sie den Pubertätsschwärmereien des jungen Mannes begegnet, spiegeln die Aufzeichnungen, die von ihm erhalten sind. Schließlich weiß Henriette keinen anderen Ausweg, als Börne mit dem Einver-

Moses Mendelssohn
1729–1786
Nach einem Gemälde von Anton Graff

(Historia - Photo, Bad Sachsa)

Henriette Herz
1764–1847
Nach einer Bleistiftzeichnung von Wilhelm Hensel
aus dem Jahre 1823

ständnis seiner Eltern zur Fortsetzung seiner Studien nach Halle zu dem Mediziner Reil zu schicken.

Nun wiederum läßt die Leere im Haus sie nicht zur Ruhe kommen, sie reist nach Dresden. Sie sucht Ablenkung statt Sammlung. Sie ist unsicher, unbeholfen. Ein Brief aus Dresden an den jungen Pfarrer Ehrenfried von Willich ist erschreckend hölzern im Stil und in den Wahrnehmungen quälend allgemein, obgleich ihre Begeisterung hinter den Zeilen zu ahnen ist. Der jahrelange Umgang mit den Männern, die das Zeitalter zu prägen sich anschicken, hat ihre Zunge nicht gelöst. Das altjüngferliche Gebaren formt sich immer stärker aus und bestimmt sie schließlich auch, auf das Wagnis einer Erzieherinnenstelle im Ausland zu verzichten und sich nur ganz in der Nähe, im Curländischen Palais, zum Unterrichten einzufinden. Denn nach dem Tode ihres Gatten ist Henriette wirtschaftlich sehr eingeschränkt. Das Bild der verarmten, alternden Schönheit, die Jahre später während der französischen Okkupation beim Stadtkommandanten bescheiden vorspricht, um von der Verpflichtung, Besatzungssoldaten aufzunehmen und zu versorgen, entbunden zu werden, bleibt im Gedächtnis. Die Schüchternheit wirkt an dieser hochgewachsenen Erscheinung lächerlich. Es fällt ihr schwer, die Rolle nicht mehr zu spielen, die sie als junge Frau gespielt hat, es fällt ihr schwer zu altern, und sie kleidet sich zeitlebens zu jugendlich.

Varnhagen, der nach der Schließung der Universität Halle in Berlin weilt, hat die Herz in dieser äußerlich so bedrückenden Zeit aufgesucht und gibt eine Schilderung der Geselligkeit: „Das Erlernen und Üben fremder Sprachen war bei Madame Herz schon eine althergebrachte Gewohnheit und gab den Halt- und Mittelpunkt der vielfachsten geselligen Verbindungen... Aber außer diesen Literaturen und Sprachen nahm ihr gebildeter Geist auch an Gegenständen des Denkens und Betrachtens allen liebreichen Anteil, den man von der Freundin Schleiermachers wohl erwarten durfte...

Liebe, Freundschaft, Weiblichkeit und andre solche Gegenstände haben den großen Reiz, daß sie, auch wenn man das Allgemeine über sie schon ausgemacht und abgetan hätte, noch stets für die nächste Anwendbarkeit ein weites, mehr oder minder fruchtbares Feld eröffnen. Auf der andern Seite war freilich dem Übelstande nicht ganz zu entschlüpfen, daß ... das Gespräch bisweilen unerwartet in irgendeine abgelegene Kammer sich verlief, wo man sich unbequem und verfangen fühlte."

Das ein wenig Steife und Mühsame dieser Zusammenkünfte spiegelt sich in Schleiermachers Verdrießlichkeit, aber auch in der Verhöhnung dicken übergroßer Frauen durch Alexander von der Marwitz, die die Herz in nicht geringe Verlegenheit setzt. Ihre eigentümliche Unsicherheit, die immer wieder zum Gespött herausfordert, gibt ihr aber die Fähigkeit zur begeisterten Anerkennung anderer. So preist sie sehr beredt die Rahel, die doch ähnlich wie sie in diesen Notjahren keine Rolle in der Geselligkeit spielt, die sie aber heimlich immer wegen ihrer Leidenschaftlichkeit und Lebhaftigkeit beneidet haben muß. Varnhagen beschreibt einen Besuch Rahels bei der Herz: „Rahel erschien, aber nur auf eine Stunde, da sie an Fieber litt und also wenig dazu gestimmt, den etwas befangenen Zuschnitt der kleinen Gesellschaft abzuändern ... Und als Schleiermacher kam und gleich erfreut und ermuntert sich neben sie setzte und mit ihr in ein lebhaftes Gespräch einging, wurde jede andre Anknüpfung unmöglich. Wir waren nicht wenig erstaunt, sowohl im Scherzen als im Ernste Schleiermacher nur in zweiter Rolle zu sehen, indem er willig eine gebotene Unterordnung anzunehmen schien und wirklich ein paarmal wie geschlagen verstummte oder doch gar sehr zu kurz kam." Schleiermacher bringt Rahel nachher zu ihrem Wagen hinunter und kann sich, wieder zurückgekehrt, nicht genugtun, sie zu rühmen und ist so lebendig wie seit langem nicht. Was die Herz in dieser einen Stunde des Besuches gefühlt haben mag, können wir nur ahnen. Es paßt zu ihr, daß sie gerade in diesen Jahren Berlin häufig verläßt, um auf Rügen am Leben einer befreundeten Familie und gutsherrlicher Geselligkeit teilzunehmen.

Erst als sie nach Schleiermachers Berufung an die Dreifaltigkeitskirche und später an die Universität auch in engen Kontakt zu seiner Familie kommt, verengt sich der Zwiespalt zwischen ihrer Erscheinung und ihrem Wesen. Sie ist häufig zu Gast, sie steht der jungen Frau (der Witwe jenes Ehrenfried von Willich, der während der Belagerung Stralsunds durch die Franzosen gestorben ist) bei und nimmt an den Sonnabendgesprächen in der Schleiermacherschen Arbeitsstube auf eine stille, verständige Art Anteil, auch als Henriette Schleiermacher später, in religiösen Wahnvorstellungen befangen, ihrer Familie innerlich entgleitet. Die Herz ist fromm geworden und im Glauben zur Ruhe gekommen. Nur ihre Reiselust erinnnert an die frühere Lebhaftigkeit. 1811 besucht sie Wien und wohnt erst bei Fanny von Arnstein, die sie ja als Tochter Daniel Itzigs aus längst vergangenen Berliner Jahren kennt. Aber die gesellschaftliche Repräsentation der Itzigtöchter, die mit den Bankiers Arnstein und Eskeles verheiratet sind und das große Wien bei sich sehen, trifft die alte Wunde, die Eitelkeit der Herz; und sie zieht zu Dorothea, Mendelssohns Tochter, die jetzt an Friedrich Schlegels Seite in recht bescheidenen Verhältnissen auch in Wien lebt. Hier bei Näharbeiten hört sie Dorothea von ihren Söhnen Johannes und Philipp Veit schwärmen und fühlt sich behaglich.

Und als 1813 der Kriegslärm auf Berlin zukommt, verläßt sie wiederum ihre Geburtsstadt, wie viele andere gutsituierte Bürger, zu denen sie sich immer, auch in der Armut zählt. Und noch einmal – 1817 – frönt sie ihrer Reiselust. Nach dem Tod der Mutter zur evangelischen Christin geworden, hat sie den Wunsch, den sie ausdrücklich als ein Bedürfnis ihrer Frömmigkeit erklärt, Rom kennenzulernen.

Anderthalb Jahre lebt sie dort im Kreis um Caroline von Humboldt inmitten der deutschen Künstlerkolonie, für die schwärmerisch süßlichen Farben der Nazarener ebenso begeistert wie für die altdeutschen Festlichkeiten der Künstlerkolonie. Noch einmal gibt sie sich der Geselligkeit vollauf hin. Auf der Rückreise erlebt sie im Hause Ernst Moritz Arndts in Bonn eine Durchsuchung. Die Demagogenverfolgung hat begonnen. Aber Henriette begreift nichts. Ihr Leben hat sich immer vorwiegend im privaten Bereich abgespielt, in den es nun auch in den langen Jahren des Alters ganz zurückfällt.

Als fast Sechzigjährige schreibt sie ihre Jugenderinnerungen, gar nicht ungeschickt, unterbricht aber jäh und mitten im Satz wie von Unlust gepackt. Das Tun ist ihr näher. Börne, der Berlin nun schon als bekannter Schriftsteller, wieder besucht, rühmt ihren wöchentlichen Freitisch für Studenten. Sie bemüht sich auch um junge Mädchen vom Lande, denen sie Stellungen in ordentlichen Familien vermittelt, um sie vor den Gefahren des Stadtlebens zu bewahren. Manchmal kommen noch bewundernde Besucher, die von ihrer Schönheit und ihrer einstigen Geltung gehört haben. Die Schauspielerin Caroline Bauer lobt Henriettes Charakter, ihre Klugheit und Altersschönheit. Die schwedische Reisende und Autorin Malla Silverstolpe ist allerdings weniger davon berührt. Sie nennt die Herz ganz einfach eine dicke alte Frau. Doch Gustav Kühne, der Herausgeber der „Zeitung für die elegante Welt" rühmt nach ihrem Tod als Dreiundachtzigjährige, das „Ebenmaß" ihrer Gedanken und ihre „feste unzerstörbare Haltung".

Fünf Monate nach ihrem Tod bricht die Märzrevolution in Berlin aus. Das Zwielicht eines gesellschaftlichen Umbruchs liegt auf ihrem Leben und läßt es trotz des anfänglichen Glanzes ein wenig blind erscheinen. Der große Ansatz: die junge Frau aus der noch nicht emanzipierten jüdischen Gemeinde, die aber dank der Achtung, die die Judenschaft in

Berlin genießt, und dank der Achtung, die ihr Mann als Wissenschaftler und Arzt erworben hat, zum Mittelpunkt einer Gesellschaft bedeutender Männer wird und nicht zuletzt dank ihrer ungewöhnlichen Schönheit und wachen Intelligenz eine fast beneidenswerte Wirkung erlebt – und das seltsam mittelmäßige Ergebnis: daß sie, wie unberührt von dem frühen Aufschwung, ein Leben in Geborgenheit ersehnt, obwohl ihr mütterlicher Instinkt ein wenig verkümmert ist, daß ihre Begabung und der Fleiß, mit dem sie an ihrer Bildung arbeitet, sie doch kaum mehr als gehobene Konversation erreichen lassen; daß sie, unternehmend genug, zu reisen und anzuschauen, was ihren Zeitgenossen anschauenswert erscheint, dann doch kaum bewegt oder gar bereichert wird. Immer etwas zu eitel, so etwa wie sie über ihr nichtiges Gespräch mit Goethe in Dresden berichtet oder die Aufmerksamkeit, die ihr der bayrische Kronprinz in Rom schenkt, überbewertet oder auch naiv stolz Wilhelm von Humboldt um Rat fragt, weil ihr, der Fünfzigerin, der um eine Generation jüngere Immanuel Bekker (Altphilologe) einen Heiratsantrag gemacht hat, – dabei doch gütig und hilfsbereit und taktvoll, wenn wir an ihre mit Rücksicht auf die alte Mutter spät vollzogene Taufe denken (zeitgenössische Berichte wissen von der Verbitterung, mit der die Juden der Mendelssohngeneration die Taufen der Jüngeren ansahen), nimmt die Herz die eigentlichen geistigen Umschichtungen ihrer Zeit, die sich so in ihrer Nähe abspielen, ohne Leidenschaft wahr. Keine Fordernde, keine Anregerin, stellt sich in ihr die geistige Anschmiegsamkeit des mütterlichen Frauentyps dar, dem bislang nur die Wochenstube, die Küche, die Nähstube und der Küchengarten vorbehalten war.

Daß dieses Vortasten in eine neue Lebensform der Frau in einer derzeit noch kaum zu ahnenden modernen Gesellschaft der Gleichen und Gleichberechtigten gerade von der jüdischen, nur geduldeten Minderheit ausgegangen ist, scheint kein Zufall zu sein. Nicht in ständischer Tradition verklammert, von den Denkern der Aufklärung als gleichberechtigt proklamiert, wenn auch von den Bürgern und vor dem Gesetz noch immer als „Menschen minderer Sorte" angesehen, legt die Anspannung auf ein Ziel hin alle Fähigkeiten frei. Und wenn diese Frauen, deren Mütter und Ahnen jahrhundertelang die verhüllende Tracht der Gedemütigten getragen haben, nunmehr wie aufatmend Eleganz und Geschmack zeigen dürfen, so begreift man den revolutionären und doch so gar nicht provokatorischen Charme der jüdischen Salons und versteht auch die kleinen, manchmal lächerlichen Eitelkeiten der Henriette Herz, die den reichen Bankiersgattinnen ja nur die Ehe mit einem klugen und in der Bildung seiner Zeit beheimateten Gatten vorausgehabt hat.

II.

DIE ENTDECKUNG DES EROS

Frauenschicksale aus dem Freundeskreis der Herz

„Aber wer Phantasie hat, kann auch Phantasie mitteilen, und wo die ist, entbehren die Liebenden gern, um zu verschwenden; ihr Weg geht nach Innen, ihr Ziel ist intensive Unendlichkeit, Unzertrennlichkeit ohne Zahl und Maß." Als Friedrich Schlegel die „Lucinde" veröffentlicht, ist die Ehe von Mendelssohns Tochter Brendel oder Dorothea, wie sie sich längst nennt, mit Veit schon geschieden. „Das Aufsehen scheuen wir nicht und es wird immer am besten gleich abgetan. Eigentlich heiraten werde ich sie nicht, das ist die einzige Bedingung, unter der man ihr den jüngsten Sohn lassen will und lassen kann . . . Du würdest dich an ihr freuen, an einer Frau, die sich in einem so langen Elende ohne eine Stütze als die Energie der Verzweiflung mit dieser Würde emporgehalten hat, und nun mit dieser stillen Kraft daraus hervortritt. An äußerer Bildung und Zierlichkeit steht sie der Schwägerin weit nach. Sie ist nur eine Skizze, aber durchaus in einem großen Stil. Ihr ganzes Wesen ist Religion, obgleich sie nichts davon weiß. Wenn sie mich verlöre, sie würde mir nach indischem Gebrauch folgen –", schreibt Friedrich Schlegel an den Freund Novalis. Der nimmt herzlichen Anteil an der glücklichen Betroffenheit seines Freundes, hat er die Liebe doch nach dem Tod seiner jungen Braut Sophie von Kühn als das zentrale Erlebnis seines Schaffens begriffen und in den schwermütigen „Hymnen an die Nacht" mystisch verklärt („Meine Liebe ist zur Flamme geworden, die alles Irdische nachgerade verzehrt").

Dennoch steht er der Realität des Alltags nüchterner als Schlegel gegenüber und antwortet dem Freund: „Ein Wunsch bleibt übrig, diese Verhältnisse auch bürgerlich sanktioniert zu sehen, wenn es möglich wäre, da die Unannehmlichkeiten nicht zu übersehen sind, die für Euch daraus entspringen." Und über die „Lucinde" seines Freundes schreibt er an Caroline Schlegel: „– selbst sehr innige Frauen dürften die schöne Athenensierin tadeln, daß sie den Markt zur Brautkammer nähme." Dorothea aber glaubt: „Alle diese Schmerzen werden vergehen mit meinem Leben, und das Leben auch mit; und alles, was vergeht, sollte man nicht so hoch achten, daß man ein Werk darum unterließe, das ewig sein wird."

Friedrich Schlegel hat Dorothea im Salon der Henriette Herz kennengelernt, der für die junge Frau in den Jahren ihrer Ehe mit dem Kaufmann Simon Veit die Geselligkeit fortgesetzt hat, wie sie im Hause ihres Vaters Moses Mendelssohn seit ihrer frühen Jugend gepflegt worden ist.

Nach jüdischem Brauch fast noch im Kindesalter verheiratet, hat sie fast zwanzig Jahre neben dem fleißigen, gutmütigen, aber oft auch jähzornigen Mann gelebt, dem die Klugheit und Aufgeschlossenheit der Frau unverständlich gewesen ist. Fast zwanzig Jahre solcher Zurückgezogenheit erklären die jähe Hinwendung der Vierunddreißigjährigen zu dem beinahe ein Jahrzehnt jüngeren Schlegel. Weder schreckt sie vor dem Aufsehen noch vor den mühsamen Jahren der Pfennigfuchserei an der Seite des freien Schriftstellers zurück, in denen ihre schmale Rente die einzige feste Einnahme darstellt und sie selbst Übersetzungen und Bearbeitungen deutscher und französischer Volksbücher, wie zum Beispiel die Geschichte vom Zauberer Merlin, vornimmt und sogar einen, wenn auch nicht vollendeten, Roman schreibt, um Friedrich in seinen Arbeiten zu unterstützen und um dazu zu verdienen. „Was ich thun kann, liegt in diesen Gränzen: ihm Ruhe schaffen und selbst in Demuth als Handwerkerin Brod schaffen, bis er es kann. Und ich bin redlich dazu entschlossen." Wenn Grillparzer sie später Hemden nähen sieht, weil schon Bücher genug in der Welt seien, wie sie sagt, aber noch niemand geklagt habe, daß es zu viele Hemden gäbe, so verschweigt diese Entgegnung nicht nur die Härte des Existenzkampfes – Friedrichs Bemühungen um ein festes Auskommen schlagen ja lange Zeit immer wieder fehl, und es bedarf erst des Übertritts zum katholischen Glauben, den Dorothea nun gemeinsam mit ihm vollzieht, und des Ehebündnisses, bevor er in Wien als Sekretär der Hof- und Staatskanzlei und Redakteur der österreichischen Armeezeitung festen Fuß fassen kann –, sie verraten auch das stille, heitere Wesen dieser Frau. Sie hat in der Ekstatik der ersten Jahre mit Schlegel die Befriedigung gefunden, die ihr in zwanzig Ehejahren versagt gewesen ist und die sie auch hernach fest an ihn bindet.

Aus den Briefen, die sie von Jena aus an Schleiermacher schreibt, der zusammen mit der Herz in den schweren Monaten vor der Scheidung ihr Vertrauter ist, „weil sie einfacher und redlicher gehandelt haben, als die Welt es gewohnt ist", spricht oft ein trockener Humor, der sie bei aller Zurückhaltung gegenüber den hochfliegenden Plänen der Jenenser Freunde ausgewogen und großherzig zeigt und die Sorgen um die Zukunft ihrer Kinder aus der Ehe mit Veit durchaus nicht verkleinert. Das Glück, der Strenge und Enge einer mittelmäßigen Ehe entkommen zu sein, macht sie hinreißend übermütig. So schildert sie zum Beispiel ihre erste Begegnung mit Goethe: „Erst wollte ich nicht sprechen. Da es aber gar nicht zum Gespräch zwischen ihm und Wilhelm (Aug. Wilh. Schlegel) kommen wollte, so dachte ich, hohl der Teufel die Bescheidenheit, wenn er (Goethe) sich ennuyiert, so hab ich unwiederbringlich verloren! Ich fragte ihn also gleich nach etwas, über die reißenden Ströhme in der Saale, er unterrichtete mich, und so ging es lebhaft weiter." Man kann sich die Gruppe Dorothea, flankiert von dem derzeit recht korpulenten Goethte und dem Schwager, gefolgt von Friedrich

Schlegel und Novalis bergauf ins „Paradies", woher Goethe eben von seinem gewohnten Spaziergang gekommen ist, lebhaft vorstellen: Die Distanz zwischen den jungen Romantikern, die im „Athenäum" die Poetisierung des Lebens als ihr Programm angekündigt haben und „seiner Excellenz", der die Brüder Schlegel in Gedanken „Götterbuben" tituliert oder seines Freundes Schillers Urteil über die „Lucinde" überprüft, der dem Werkchen „Formlosigkeit und seltsame Paarung von Nebulistischem mit Charakteristischem" vorgeworfen hat, und der sich dabei vom Eifer dieser kleinen häßlichen Frau mit den klugen, gütigen Augen, die einzig an „Lucinde" erinnern, mitreißen läßt. Wie taktvoll sie die Distanz überspielt, so als nähme sie den literarischen Streit und Widerstreit gar nicht ganz ernst, berauscht wie sie vom Glück ihrer Liebe und ihrem Aufbruch in diese Welt der spielenden Geister ist!

Partnerschaft aus Leidenschaft – dieser Anspruch ist neu und prägt um 1800 erstaunlich viele Frauen zu Persönlichkeiten aus. Einige von ihnen sind uns im „Tugendbund" um die junge Henriette Herz begegnet, so Caroline von Dacheröden, die spätere Gattin Wilhelm von Humboldts, die ihm ähnlich verständnisvoll und durch eigene Interessen und selbständige Entscheidungen nicht blindlings ergeben zur Seite steht wie Dorothea Friedrich Schlegel. Der Unterschied im Lebensstil trennt diese Frauen kaum noch voneinander, so daß sie Jahre später anläßlich eines gemeinsamen Italienaufenthaltes für Wochen wie Schwestern miteinander leben können. Die freudige Spannung des ausgehenden achtzehnten Jahrhunderts, die sie in ihrer Jugend ermutigt hat, jenseits aller Standesunterschiede sich dem Wissen der Zeit aufzuschließen, um an den Plänen und Entwürfen der Männer Anteil zu nehmen, schwingt in ihnen nach. Wenn Wilhelm von Humboldt 1818 schreibt: „Es ist meine geheime Sehnsucht, von jetzt an, solange es nur noch währen mag, wieder so vereinzelt aufeinanderzu zu leben, als wir es im Beginn getan haben –" und Caroline 1821 wie bestätigend äußert: „Es gibt eine Liebe, die gleichsam nur hineinschaut in dies Leben, aber aus dem Himmel hereinschaut. Das war, das ist die seine", so schließen sich diese Worte des Alters an das Ideal vom „freiesten Bewußtsein in der glühendsten Empfindung" an, das sie in der Jugend gefordert haben.

Für andere Frauen bringt die Entdeckung des eigenen Selbst, die ihre Sensibilität verfeinert, Härten, die ihnen schicksalhaft werden. Therese Heyne, Tochter des Göttinger Philologen und korrespondierende „Tugendbündlerin", flieht mit ihren zwei Kindern aus ihrer Ehe mit Georg Forster, der als ganz junger Mensch mit Cook die Welt umsegelt und den Ruf eines Forschers und Abenteurers erworben hat und der im besetzten Mainz als fanatischer Anhänger der französischen Revolution mit führenden Jakobinern Kontakt aufgenommen hat. „Menschlichem Ansehn nach ist es der falscheste Schritt, den sie getan hat. – Sie, die über jeden Flüchtling (aus dem besetzten Mainz) mit Heftigkeit geschimpft hat, die sich für die Sache (die französische Revolution) mit Feuereifer interessierte, geht in dem Augenblick, wo jede Sicherheitsmaßnahme Eindruck macht und die jämmerliche Unentschiedenheit der Menge vermehrt, wo sie ihn (Forster) mit Geschäften überhäuft zurückläßt . . . Er wollte auch nicht, sie hat's aber durchgesetzt . . . Er ist der wunderbarste Mann; er ging seinen politischen Weg durchaus allein und tat wohl daran. Er geht mit einem Adel, einer Intelligenz, einer Bescheidenheit, einer Uneigennützlichkeit . . . Aber im Hinterhalt lauert Schwäche, Bedürfnis ihres Beifalls, elende Unterdrückung gerechter Forderungen (von seiten der Frau), auffahrendes Durchsetzen geringerer. Er lebt von Intentionen und schmachtet nach Liebe. Ich nenne das Egoismus; aber entweder muß man in Einfalt des Herzens Vollkommenheit anbeten – oder die Festigkeit haben, sich nie geringer zu achten als selbst das, was wir über uns anerkennen. Dieses Mannes unglückliche Empfänglichkeit und ihr ungroßmütiger Eigennutz verdammen ihn zu ewiger Qual."

Die so scharf und doch einfühlsam über das Scheitern der Forsterschen Ehe schreibt, ist Caroline Böhmer, geb. Michaelis, Tochter des Professors für orientalische Sprachen in Göttingen und Jugendfreundin Thereses. Sie hat durch ihre kultivierte Intelligenz und außergewöhnliche Menschenkenntnis ebenso wie durch frühe Schicksalsschläge anders und tiefer unter dem Anspruch auf Persönlichkeit zu leiden als die Freundin. Ihre leidenschaftliche Unruhe und Wachheit läßt sie lange nicht den Partner finden, der sie als Persönlichkeit ebenso wie als Frau bejaht. Derzeit in Mainz sucht sie, die ihren Mann kurz vor der Geburt des dritten Kindes verloren und zwei ihrer Kinder hat hergeben müssen, eine Aufgabe, die ihr Halt gibt und die sie in der Befriedung der Forsterschen Ehe und nach Thereses Weggang in der Betreuung des Forsterschen Haushaltes sieht. Als Georg Forster von Mainz aus zu Anschlußverhandlungen nach Paris geschickt wird, verläßt Caroline noch vor der Einnahme durch preußische und hessische Truppen die Stadt und wird wegen ihres Aufenthaltes im Forsterschen Haus der Beihilfe zum Hochverrat verdächtigt und zusammen mit ihrer Tochter in die Festung Königstein gebracht. In der Verzweiflung der Mainzer Zeit hat sie sich einem Offizier der französischen Besatzung hingegeben und weiß sich schwanger. Immer unbedingt in ihren Entschlüssen, immer ohne Kompromiß lebend, will sie ihr Leben enden, sobald die Schwangerschaft vor der kindlichen Tochter, mit der sie in einer Zelle haust, nicht mehr zu verbergen sein wird. Jedoch gelingt es ihren Freunden und Brüdern, ihre politische Unschuld nachzuweisen, und sie kann das Kind in Thüringen zur Welt bringen. Im Einverständnis mit dem französischen Vater soll dieser Sohn in ländlicher Stille in einer Familie aufwachsen. Doch der Tod nimmt ihr auch dieses Kind. Ohne Bleibe, ohne Aufgabe, ohne Existenzgrundlage, immer wieder so furchtbar an die

Fragwürdigkeit ihres Daseins erinnert, entschließt sie sich zur Ehe mit August Wilhelm Schlegel, den sie seit langem kennt und der ihr in ihrer Notlage vorbehaltlos beigestanden hat. Sie zieht mit ihm nach Jena, wohin er als Professor berufen wird. Sie arbeitet an seiner Shakespeare-Übersetzung mit und hat ein außerordentlich klares dramaturgisches Urteil, sie wird zur Anregerin der meisten jüngeren Freunde dieser poetisch-philosophischen Gemeinschaft, zu der neben den Brüdern Schlegel, Tieck, Steffens, Novalis, Schelling und Dorothea, geschiedene Veit, gehören.

Caroline scheint sich gefunden zu haben, ihr explosiver Geist entzündet sich endlich an Aufgaben, obgleich ihre übersteigerte Lebhaftigkeit, die der ruhigen Dorothea im gemeinsamen Jahr 1799 so wenig behagt und ihr von Schiller den Namen „Dame Luzifer" einbringt, verrät, was die Nüchternheit und der Ehrgeiz August Wilhelm Schlegels nur ahnen läßt: Sie weiß sich wohl anerkannt, aber nicht geliebt. So ist ihre Hinwendung zu dem jungen Schelling mit seiner bäurischen Gefühlsinnigkeit von der Jähe einer instinktiven Entscheidung. Da Schlegel und Schelling herzlich miteinander befreundet sind, trägt die Doppelspannung Caroline auf den Gipfel des Glückes. Geliebt und in der geistig schöpferischen Arbeit ihrer selbst bewußt, fasziniert und erschreckt sie die Jenenser Freunde. Dieses Jahr ihres Glückes wird zum schöpferischen Höhepunkt der Frühromantik. Novalis beginnt den „Ofterdingen" zu schreiben, das „Athenäum" erscheint im ersten Jahrgang, die Shakespeare-Übersetzungen werden lebhaft vorangetrieben, Friedrich Schlegel stellt seine „Lucinde" vor. Obgleich sie die ablehnt, notiert Caroline dazu: „Die Vergötterung seiner (Friedrichs) erhabenen Freundin wurde für seinen Geist ein fester Mittelpunkt und Boden einer neuen Welt." Ein fester Mittelpunkt. Es ist, als habe sie eine Erfahrung vorweggenommen, der sie in der Doppelbeziehung noch ausgewichen ist. Als sie 1800 ihre einzig verbliebene Tochter im Alter von fünfzehn Jahren verliert, findet sie in der Hinwendung zu Schelling den Trost, den ihr der gefühlskalte August Wilhelm Schlegel nicht schenken kann. 1803 wird ihre Ehe mit Schlegel geschieden. Das dritte Bündnis mit Schelling schenkt ihr noch sechs Jahre harmonischen Zusammenlebens, das die politischen Katastrophen der Jahre nicht stören können. Ihr Tod an der Ruhr bei einem Besuch in Schellings Elternhaus läßt ihn gebrochen zurück.

Was ist es denn, das diese Generation erlebend vollzieht, was die Frauen aus dem Selbstverständnis der Ehe löst? Ist es nicht die uralte Bestimmung ihres Geschlechts, sich hinzugeben, dem Mann Helferin zu sein? Gleichen denn Dorothea in der Ergebenheit, mit der sie dem Mann ihrer Wahl dient, oder Caroline von Humboldt in der Innigkeit ihres Mutterschaftserlebnisses nicht allen Frauen vor ihnen? Ist Therese Forsters Flucht aus der Ehe nicht nur die Flucht aus einer unerträglichen Spannung, und durchlebt Caroline Schelling von ihrer ersten Witwenschaft an nicht ein Ausnahmeschicksal? Gewiß, doch ist es neu, daß diese Frauen von ihrer Liebe, von ihren Empfindungen wissen, davon schreiben, darüber nachdenken und sie durch die Brechung des Bewußtseins zu einer absoluten Erfahrung steigern.

Die Oberhoheit der Familie tritt für sie außer Kraft. Ehescheidungen sind häufig. „Es macht mir ein trauriges Vergnügen, zu denken, welche Menschen zusammengepaßt haben würden, indem oft, wenn man drei oder vier Paar zusammennimmt, recht gute Ehen entstehen könnten, wenn sie tauschen dürften", schreibt Schleiermacher. Durch die patriarchalisch christliche Ordnung der Gesellschaft ist ein Sprung gerissen. Aus dem Zusammenhang der Familie, der Sippe, des Standes gelöst, wird das Ich zum Erfahrungszentrum, und die empfindliche, weil noch unsichere Individualität der Frau nimmt diesen Riß besonders deutlich wahr; beglückt, wenn es ihr gelingt, ihn liebend zu schließen, anders vernichtend getroffen.

Die geistige Emanzipation der Frau, die im deutschen Sprachbereich vom Berlin der Aufklärung aus in Bewegung geraten ist, erreicht um die Wende zum neunzehnten Jahrhundert nach einer langen Friedenszeit, in der die Geselligkeit sublimer geworden ist, ihren ersten Höhepunkt. Die Begegnungen im Salon der Herz wirken ebenso weiter, wie Moses Mendelssohns Bemühen um die Ausbildung seiner Töchter und seine Reformbestrebungen für den Bildungsweg der Mädchen. Der Typus der gelehrten Frau, den noch die Gottschedin vertreten hat, ist durch den Charme, ja auch durch die Frivolität der Geselligkeit im nachfriderizianischen Berlin nicht nur liebenswürdiger, sondern auch erotisch bewußt geworden und hat nicht nur in den Berliner Salons, wenn auch im losen persönlichen Zusammenhang mit ihnen, ein neues Frauenideal entstehen lassen, das als geistige Partnerin und Geliebte wohl am treffendsten benannt ist.

III.

RAHEL

Die schmerzvolle Selbstdarstellung des Ich

Rahels Vater, Markus Levin, ist Juwelenhändler und sehr wohlhabend. Sein Bild verrät die Sattheit des Reichtums; die Lippen aufgeworfen, die Kleidung üppig, den Stock leger in der Hand, die Haltung betont gerade, stellt der den „Selfmademan" zur Schau. Er „hatte wie es hieß, ein sehr schlechtes Leben geführt, soll unter einer Räuberbande gewesen und gebrandmarkt gewesen sein; er war ungemein klug, aber nicht gut, er hatte die Lust an der Unlust; er war reich, sah viele Leute in seinem Hause, besonders aber Schauspieler. Die Frau war einfach und gut, dem Manne in jedem Sinne unterworfen." So charakterisiert Henriette Herz in ihren Lebenserinnerungen die Eltern Levin, die sie als ganz junge Frau zur Leipziger Messe mitgenommen hatten, sicher nicht ohne den Nebengedanken, ein schönes junges Gesicht in ihrer Theaterloge und bei der Tafel um sich zu haben. Rahel ist auf dieser Reise noch ein Kind, ungefähr zehn Jahre alt, die Erstgeborene der Levins. Die Eltern sprechen das Judendeutsch jener Zeit, Rahel lernt nur hebräisch schreiben. Welch ein Unterschied der Herkunft gegenüber Dorothea Schlegel, geb. Mendelssohn, oder auch gegenüber Henriette Herz, geb. de Lemos. Der „verfluchte Makel der Geburt", unter dem Rahel zeitlebens leidet, läßt sie das Judentum als Schicksal begreifen, das den beiden Vorgenannten kaum mit solcher Schärfe bewußt wird. Trotz Assimilierung und Emanzipation gelingt ihr das Einwurzeln in ihrer Umwelt nie ganz. Sie steht von Anfang an außerhalb der Gesellschaft

Rahel Varnhagen von Ense
1771–1833
Nach einem Stahlstich von C. E. Weber

(Historisches Porträt-Archiv, Berlin)

Literarische Soirée um 1840
Nach einem Gemälde von F. Elias

(Historisches Bildarchiv, Berneck)

und gewährt dank ihrer hochempfindlichen Intelligenz frühzeitig die Gefährdung des Ich – und wird eben deshalb zur faszinierenden Persönlichkeit.

„Nun aber fing die alternde, vielleicht nie hübsche, von Krankheit zusammengekrümmte, etwas einer Fee, um nicht zu sagen Hexe, ähnliche Frau zu sprechen an, und ich war bezaubert", schreibt Grillparzer über seinen Besuch bei der Sechsundfünfzigjährigen im Sommer 1827. Varnhagen hat ihn nach einer Sitzung der literarischen Mittwochsgesellschaft (die 1824 von Kriminalrat Julius Eduard Hitzig gegründet worden ist) mit zu seiner Frau genommen. Grillparzer betont seine Ermüdung. Aber „meine Müdigkeit verflog, oder machte vielmehr einer Art von Trunkenheit Platz. Sie sprach und sprach bis gegen Mitternacht, und ich weiß nicht mehr: haben sie mich fortgetrieben oder ging ich von selbst fort. Ich habe nie in meinem Leben interessanter und besser reden gehört."

Noch die Alternde entzündet sich am Gegenüber, wie schon die Rahel des Salons in der Dachstube in der Jägerstraße. Diese Fähigkeit ist ihr Genie und ihre Tragik. Ohne eine wirkliche Tätigkeit, lange unverheiratet, kinderlos, schenkt sie sich immer wieder den Partnern, nimmt ihre Gedanken auf, moduliert sie und wirft sie zurück. Nehmend und gebend erprobt sie die eigene Festigkeit und durchlebt dabei die schmerzhaften Häutungen des Ich.

Die Lebensdaten verraten wenig: 1771 wird sie als älteste Tochter des Markus Levin in Berlin geboren. Vier weitere Geschwister folgen. Als junges Mädchen befreundet sie sich mit dem gleichaltrigen David Veit, der, ähnlicher Herkunft wie sie, entschlossen ist, in die Gesellschaft aufzusteigen. Als Medizinstudent wird er ihr erster Vertrauter (Briefwechsel 1793–96), der ihr nicht verhehlt, daß er sich taufen lassen werde, um seine jüdische Herkunft hinter sich zu lassen. Rahel ist neunzehnjährig, als der Vater stirbt und der um ein Jahr jüngere Bruder Markus das Geschäft übernimmt. Von nun an ist Rahel mit auf die Rente angewiesen, die ihr Bruder der Mutter zukommen läßt. Die gemeinsame große Wohnung ermöglicht ihr es dennoch, einen Salon zu eröffnen, der bald die bedeutendsten Männer Berlins versammelt und erst mit dem Zusammenbruch Preußens zu bestehen aufhört. Das wirtschaftliche Elend nach der Okkupation Preußens legt jede Geselligkeit lahm. Zwischen Rahel und ihrer Mutter führt es zu Spannungen, die diese noch kurz vor ihrem Tod zum Auszug aus der gemeinsamen Wohnung veranlassen, die Rahel dann aufgibt. Bis 1810 haust sie sehr eingeschränkt in der Charlottenstraße.

Wir vermögen die Vorwürfe zu rekonstruieren, die Rahel empfindlich treffen müssen, weil sie selbst unter zwei fehlgeschlagenen Verlobungen leidet. Die Abhängigkeit von der Familie steht im schroffen Gegensatz zu der Souveränität ihrer Persönlichkeit in der buntgemischten Gesellschaft ihres Salons. Nach Abzug der Franzosen bessert sich wohl die Lage der Levins, aber die Mutter stirbt 1809 ohne Testament. Rahel bleibt auf den guten Willen ihrer Brüder angewiesen und hat nach Auflösung ihres Salons wenig andern Umgang als den mit der Familie. Ab 1810 nennt sie sich Rahel Robert wie ihr Schriftstellerbruder Ludwig, der sich schon 1800 hat taufen lassen. Nach ihrem Aufenthalt in Prag während der Kriegswirren, wo sie Verwundete pflegt, Spenden und Essen verteilt, heiratet sie 1814 Karl Varnhagen, der sich sein Adelsprädikat bereits hat bestätigen lassen und sich Varnhagen von Ense nennt. Am Hochzeitstage läßt Rahel sich auf den Namen Antonie Friederike taufen. Im Oktober des Jahres folgt sie ihrem Mann, der als Mitglied des diplomatischen Korps am Wiener Kongreß teilnimmt, in die österreichische Hauptstadt und bleibt dort auch nach seiner Abreise bis in den Sommer 1815 bei der Familie von Arnstein. 1816 zieht das Ehepaar nach Karlsruhe, wo Varnhagen preußischer Geschäftsträger geworden ist. Nach seiner Abberufung kehren beide 1819 nach Berlin zurück und eröffnen in ihrer Wohnung einen Salon. Unterbrochen von einigen Reisen, währt der Aufenthalt in Berlin bis zu Rahels Tod 1833.

Ein weitgespannter Briefwechsel legt die innere Biographie dieser Frau bloß, die sich immer im andern sucht, die aus der verzweifelten Isolierung ausbrechen will, in die sie hineingeboren ist, und nicht nur an den glatten Wänden, die das Vorurteil errichtet hat, abgleitet, sondern in ihrer verzehrenden Leidenschaft, sich zu finden, eine Distanz um sich schafft, die zu einem Vakuum wird, das immer wieder von den Funken genialischen Eingehens auf die Freunde übersprungen wird. Ohne diese Leidenschaft wäre sie ein Niemand geblieben. Aber „ich bin so einzig, als die größte Erscheinung dieser Erde. Der größte Künstler, Philosoph oder Dichter (ist) nicht über mir. Wir sind vom selben Element. Im selben Rang und gehören zusammen ... Mir aber ward das *Leben* angewiesen; und ich blieb im Keim bis zu meinem Jahrhundert, und bin von außen ganz *verschüttet*, drum sag ich's selbst." Sie will sich darstellen, um sich zu erfahren. Sie hat kein Ziel außer sich selber, kein politisches Ziel etwa, wie es ihrer Herkunft und ihrer Zeit naheläge, in der der Judenälteste David Friedländer 1799 in einem „Sendschreiben einiger jüdischer Hausväter" die Massentaufe anbietet, um die Assimilation der Judenschaft zu erleichtern; in der nach der Ablehnung dieses Angebots bis 1810 zehn Prozent der Berliner Judenschaft sich taufen lassen und 1812 die Emanzipation auf den Grundlagen der Dohmschen Forderungen (von 1781–83) erfolgt. Rahel identifiziert sich aber auch nicht mit Preußen, obwohl sie einsieht, daß sie ihre Sonderstellung außerhalb und doch nicht ausgeschlossen aus der Gesellschaft Friedrichs II. Politik der Toleranz verdankt. Ihre Freundschaften mit Prinz Louis Ferdinand und später mit Alexander von der Marwitz bleiben ohne politische Konsequenz. Und wenn sie auch 1813 aus Prag, wo sie für die Verwundeten der Befreiungskriege sorgen kann, so gelöst schreibt wie nie in ihrem Leben, wenn sie auch Fichtes „Reden an die Deutsche Nation" im Winter 1807–08 mit großem Anteil gehört hat und Fichtes jäher Tod im Januar 1814 an Lazarettfieber sie erschüttert, so hat sie doch auch Napoleon bei seinem Einzug in Berlin am 27. Oktober 1806 als den Sieger begrüßt, als den großen Feldherrn, die große Persönlichkeit, nicht als den, der die Gesetze der Revolution, die auch die Gleichstellung der Juden betreffen, mit sich bringt. Ihr Denken ist durchaus unpolitisch. So geht auch die Wendung der preußischen Politik vom Liberalismus zur Reaktion, die sich nach der Ermordung Kotzebues 1819 radikal vollzieht, an ihr vorüber, obgleich sie Varnhagens Demissionierung mit sich bringt. Sie ist so sehr Ich, daß sie am Zustand der Gesellschaft nur leidet, wenn dieses Ich in seinem Anspruch getroffen wird, und sie ist vielleicht darum zur Persona ingrata der Assimilation geworden. Sie, die Jüdin, hat die Selbstwerdung und Vervollkommnung, die von der Aufklärung rational unterbaut, von der Klassik als Ideal entworfen und von der Romantik als Offenbarung transzendentaler Mächte erfahren wurde, als die natürliche, selbstverständliche Aufgabe der Menschheit angenommen und in der Dachstube in der Jägerstraße als utopische Möglichkeit der Gesellschaft vorwegpraktiziert.

Kaum zwanzigjährig eröffnet sie den ersten Salon. Um diese Zeit floriert der Salon der Madame Herz. Die großen jüdischen Häuser stehen den Gästen offen. Rahel ist weder reich, noch verheiratet, noch schön. Wie soll sie Gäste an sich ziehen? Karl Gustav von Brinckmann, Legationssekretär der schwedischen Gesandtschaft, der schon bei der Herz aus und ein geht, ist einer der ersten Gäste, Höflich, gesprächig, geschmeidig, elegant und gebildet, nimmt er den Dandy-Typus vorweg. Rahel ist klug genug, ihn an sich zu binden. Er, der immer und überall dabei ist, bringt ihren Salon ins Gespräch. Sie scheint ihm gar nicht unähnlich in ihrer Fähigkeit, über alles zu reden, sich für alles zu interessieren – und sie ist eine

Frau. Sie fesselt seine modische Neigung, sich mit der Psychologie der Frau zu beschäftigen. „Sie kam, *sprach* und *siegte*"; die saloppe Eleganz dieser Äußerung kennzeichnet Brinckmann, der (in der treffenden Einschätzung des Prinzen Louis Ferdinand) nur liebt, um Briefe zu schreiben. Brinckmann führt Rahel den märkischen Junker Burgsdorff zu, der 1795 in Teplitz ihr Begleiter wird. Sie verbringt dort den Sommer bei der extravaganten Gräfin Pachta und genießt zum erstenmal den festlichen Glanz der Berliner Gesellschaft, die die böhmischen Bäder in diesen Jahren für sich entdeckt. Burgsdorffs Charakter bleibt undurchsichtig, er ist wohl ein schöner Schwärmer, – die jungverheiratete Caroline von Humboldt hat sich in Paris für ihn begeistert – allein sein Überdruß und Hochmut läßt ihn distanziert erscheinen, eine Haltung, die der abhängigen, aufstrebenden, ja, ehrgeizigen Rahel imponiert. Jäh ist sie bis an die Oberfläche der nachfriderizianischen Gesellschaft gelangt und findet gebildete Unterhaltung, Liebelei und den Charme der Gleichgültigkeit. Da geschieht es ihr, daß sie liebt und wieder geliebt wird. Die Verlobung mit dem Grafen Karl von Finckenstein erfolgt sehr bald nach der ersten Begegnung im Theater im Winter 1795. Sicher hat Rahel diese Liebe mit dem Ziel der Ehe gewollt. Sicher hat sie die Faszination, die sie auszuüben vermochte, spielen lassen, denn sie ist sich, darin allen häßlichen Frauen ähnlich, durchaus ihrer Möglichkeiten bewußt. Sie weiß von ihrer Klugheit, die ihr Macht gibt. Karl von Finckenstein gerät in ihrem Bann.

Rahel wäre nicht die einzige Jüdin, die in den Adel eingeheiratet hätte, wenn die Ehe zustande gekommen wäre. Marianne Meyer wird 1797 die Frau des österreichischen Gesandten in Berlin, Heinrichs XIV., des Fürsten Reuß, und nennt sich auf Wunsch der fürstlichen Familie nach seinem Tode Marianne von Eybenberg, unter welchem Namen sie in Goethes böhmischem Freundeskreis gemeinsam mit ihrer Schwester Sara, einer verehelichten Baronin von Grotthus, auftaucht. Der preußische Adel verkehrt in den Jahren des ausklingenden achtzehnten Jahrhunderts in den jüdischen Häusern, wo man „nur der Frauen wegen hingeht" (Schleiermacher), wo den jungen Leuten Weltluft entgegenweht. Die auf den Gütern des Ostens aufgewachsenen, früh in die militärische Ausbildung gegebenen Söhne der Junker genießen die Eleganz, die Lockerung der patriarchalischen Ordnung, die Vielseitigkeit der Gespräche. Bildung! Schönheit! Reichtum!, die égalité und fraternité scheinen so leicht zu verwirklichen, wenn man im Besitz der liberté des Wohlstands ist.

Daß Rahel heiraten will, um in die Gesellschaft zu gelangen, die sie vorerst nur als Außenseiter gelten läßt, ist also gar nicht so absurd. Und sie wird wiedergeliebt. Sie glaubt es jedenfalls fest. So wie die jungen Mädchen dem Liebhaber auf dem Jahrmarkt ein Herz um den Hals hängen, so hängt sie ihr Herz an Finckenstein. Der mag angesichts solcher Aufdringlichkeit der Gefühle erschrecken, aber solange er in Berlin ist, kann er sich Rahel nicht entziehen. Sie fesselt ihn, weil sie, anders als alle Frauen seines Standes, fähig ist, ihre Leidenschaft darzustellen. Vier Jahre währt die Verlobungszeit. Gelöst wird das Versprechen nie. Es wird übergangen. Rahels Ringen gegen die Vorurteile der altpreußischen Familie ist vergeblich gewesen. Karl hat ihr vom Familiengut Madlitz aus sentimentale Briefe geschrieben, während die Entwürfe und Abschriften ihrer Briefe (er hat die Originale vernichtet) Beschwörung und Verzweiflung ausdrücken. Sie bleibt als Geschlagene zurück. Ihr Plan ist gescheitert, und mehr noch: der Wille, der ihre Leidenschaft gesteuert hat, ist gebrochen. Sie ist nun bald dreißigjährig und noch immer von der Mutter abhängig, sie ist klug, und sie weiß es, interessant, und sie weiß es; ihre Tage sind angefüllt, die Vormittage gehören den Briefen, die Nachmittage bis in den späten Abend der Geselligkeit, und doch ist ihr Leben leer. Sie ist jedem gefällig. Sie bietet Jean Paul bei seinem Berlin-

Besuch ihren Logenplatz an, damit er den Schauspieler Fleck, den sie Iffland vorzieht, bewundere. Er schreibt von der „witzigen, philosophischen Levi" und meint, daß die Berliner Jüdinnen wenig vom Alten Testament an sich haben und daher gern ins Neue heiraten.

Rahel ist hektisch in diesen Jahren, in denen sie mit der Enttäuschung ringt. Wilhelm von Humboldt tadelt die Wahllosigkeit der Gesellschaft, mit der sie sich umgibt. Und dabei kämpft sie doch nur mit Gewalt gegen die Schwermut an, die sich in ihren Träumen niederschlägt. Jahre später berichtet sie sie Alexander von der Marwitz. Sie sprechen die Qual aus, die ihr das Nicht-ans-Ziel-Gelangen bereitet, die Trauer, nicht so geliebt zu werden, wie sie es ersehnt. Sie zeigen aber auch ihre Isolierung, die sie trotz äußerer Anpassungsfähigkeit nicht überwinden kann. Immer haftet ihr etwas von Scham und Schande an, die den Außenseiter der Gesellschaft prägt, der nichts aus sich herauszustellen vermag, das ihn legitimiert. So nimmt es Rahel freudig wahr, nach dem Scheitern der Verlobung die befreundete Gräfin Schlabrendorff, die ein illegitimes Kind erwartet, nach Paris zu begleiten. Paris begeistert sie, weil es Fremde ist, weil sie dort anonym ist und Abstand von sich finden kann. Sie entgeht vorerst der „albernen Regelmäßigkeit" der Tage und dem Klatsch, der in Berlin um ihr Verhältnis entstanden ist. Die Identität mit dem Erlebnis der Enttäuschung löst sich. Sie lernt sich beobachten. Der Hamburger Kaufmann Wilhelm Bokelmann, den sie durch David Veits Vermittlung in Paris kennenlernt und mit dem sie durch die Stadt streift, ist jung genug, ihr zuzuhören. Denn sie muß sich mitteilen. Das bleibt zeitlebens ihre einzige Möglichkeit, sich abzugrenzen.

Nach ihrer Rückkehr nach Berlin wird ihr Salon gesuchter denn je. Vom Nachmittag an bis fast gegen Mitternacht finden sich Gäste ein, die weder die Treppen noch die engen niedrigen Zimmer scheuen, weil sie wissen, daß bei Tee und leichtem Gebäck anregende Stunden auf sie warten. Prinz Louis Ferdinand trifft seine Geliebte, Pauline Wiesel, häufig bei Rahel. Sie wird zur Vertrauten dieser Leidenschaft, die sie neidlos, wenn auch nicht ohne Wehmut bis zum Ende miterlebt. Die Unrast des Prinzen, die er nur musizierend überwindet, ist ihrer eignen Unrast so verwandt, Paulines inniges Fühlen hingegen ihrem eigenen immer reflektierten Gefühl so fremd, daß ihr die Partnerschaft dieser beiden vollkommen scheint und sie Pauline, die nach der Tragödie von Saalfeld ziellos durchs Leben treibt, immer zugetan bleibt.

Der Prinz führt Rahel sehr bald seinen Schwager, den Fürsten Radziwill zu, Graf Tilly wird häufiger Gast; aber auch Staatsrat Stägemann, später bekannt durch seine Realisierung der Steinschen Reformen, und andere hohe Beamte treffen sich in der Jägerstraße, um „Dachstuben-Wahrheiten" anzuhören. David Veit, Wilhelm von Burgsdorff, Karl Gustav von Brinckmann sind wieder dabei; der Schauspieler Fleck und die berühmte Unzelmann kommen nach dem Theater, ebenso Christel Eigensatz, die sehr bald Friedrich Gentz' Geliebte wird, als Rahel ihm „das bißchen" versagt hat. Auch die Romantiker sind gern bei Rahel. Ludwig und Friedrich Tieck und August Wilhelm Schlegel, der nach der Scheidung von Caroline nach Berlin übergesiedelt ist, begegnen hier Chamisso und Fouqué, diskutieren mit Friedrich August Wolff und Schleiermacher. Schlegel macht nicht einmal ein Hehl aus seiner Abneigung gegen Rahel, die er durchaus mit seinem Bruder Friedrich teilt, aber ihr Salon ist eben ein Treffpunkt für alle und man kann sich recht gut in einer Zimmerecke isolieren. Rahel drängt sich nicht auf, wenn sie auch erstaunlich klug und behutsam auf jedes Gespräch einzugehen vermag und wohltuend verständnisvoll ist; „eine moralische Hebamme accouchiert (sie) einen so sanft und schmerzlos, daß selbst von den peinlichsten Ideen dadurch ein sanftes Gefühl zurückblieb", meint Prinz Louis

Ferdinand. Er nennt sie „liebe Kleine" und sieht in ihr die Vertraute, deren Verständnis für seine Gewissensnöte ihm selbstverständlich ist. (Seine Liebe zu Pauline Wiesel hat ihn von Henriette Fromm gelöst, mit der er zwei Kinder hat.) „Sie haben gesehen, wie heiß und heftig meine Liebe zu P(auline) ist, mit welcher Innigkeit und Zärtlichkeit ich dabei an der himmlisch guten H(enriette) hänge; dieses scheint rätselhaft, manchem unbegreiflich, und doch haben es die so sehr sonderbaren Umstände, jenes so einzige Entstehen dieses Verhältnisses so gewollt . . . Sie sahen Pauline so gut, so lieb, und dieses kam aus ihrem Innersten . . . Raten Sie zum Guten, predigen Sie Mäßigung, und Sie werden allen wohltun." Und noch ein zweites Mal bittet er Rahel, die Spannung zwischen Pauline und Henriette auszugleichen.

Was gibt Rahel die Kraft, sich den Freunden so aufzuschließen? Sie, die so gar nichts Mütterliches an sich hat, die es nicht erreicht, geliebt und geheiratet zu werden, braucht die vielfältigste Bestätigung. Ihre Hingabe ist Angst, sonst nichts zu taugen, überflüssig zu sein; denn sie spürt von Anfang an, daß sich auch ihre zweite Verlobung zerschlagen wird.

Don Raphael d'Urquijo, spanischer Legationssekretär in Berlin, ist im Winter 1801–02 in Rahels Salon gekommen, als sie jene eigentümlich glücklich-unglückliche Freundschaft mit Friedrich Gentz durchlebt, die nach Gentz' kurzem Aufenthalt in Berlin dennoch lebenslang währt, so daß Rahel kurz vor seinem und ihrem Tod an Leopold von Ranke schreiben kann: „ – er glitt wie in einem Glücksschlitten *fliegend* auf einer Bahn, auf der er allein war; auf diesem Wege dann, sah er, nicht mehr wie auf der Erde, weder rechts noch links: hatte er Schmerz, litt er Widerspruch, dann *war* er nicht mehr auf dieser Bahn; und dann verlangte er Hilfe und Trost; die er nie gab. Keiner aber *darf* dies wagen, und doch liebenswürdig und liebenswert sein . . . Er ergriff das Unwahre mit Wahrheitsleidenschaft. Viele Menschen muß man Stück vor Stück loben; und sie gehen nicht in unser Herz mit Liebe ein; andere, *wenige*, kann man viel tadeln, aber sie öffnen immer unser Herz, bewegen es zur Liebe. Das tat Gentz für mich: und nie wird er bei mir sterben." Mit diesem präzisen Pathos, das Rahels Stil eignet, charakterisiert sie den Mann, der ein Partner hätte sein können und, zum Partner zu ähnlich, ihrem Willen nicht gefügig ist, sondern selber mit dem Anspruch, sein Ich in der Wirklichkeit darzustellen, auftritt und ihn in seiner politischen Karriere im Glanz der Macht verwirklicht. Von Gentz' Antisemitismus weiß oder will Rahel nichts wissen. (Gentz' Berliner Anwalt Karl Wilhelm Friedrich Grattenauer hat mit der 1802 anonym erschienenen Schrift „Wider die Juden" den ersten langnachwirkenden Angriff des Bürgertums gegen die bürgerliche Assimilierung der Juden nach der Aufklärung eröffnet und sich in Übereinstimmung mit Gentz befunden, wie dessen briefliche Äußerungen an Brinckmann verraten.) Rahel spürt, daß Gentz in ihr das „große, kühne, göttlich-teuflische Geschöpf" sieht, dem er in eine Liebschaft mit Christel Eigensatz ausweicht, weil er sich behaupten will. Und so weicht auch Rahel in die Liebe zu dem Spanier aus, der eine schöne Maske ist, dessen Mittelmäßigkeit ihr nicht nur Gentz verübelt. Sie verlobt sich mit Urquijo. Sie steigert sich in eine ihren Jahren kaum noch gemäße Verliebtheit, sie hängt sich an ihn, läßt sich demütigen, erkennt nicht, daß der kein Gefährte ist, der so schäbig ist, sie an ihr Scheitern mit Finckenstein zu erinnern, um sie abzuschütteln; will es nicht erkennen, daß ihre Liebe ein Irrtum gewesen ist. Dennoch gelingt es ihr, die tiefste Demütigung ihres Lebens, die sie sich eigentlich selbst zugefügt hat, abzufangen: sie objektiviert die Liebe zu einer absoluten Erfahrung und sieht sich als tragisches Ich.

So ist sie vorbereitet für die Jahre der Verlassenheit, die nach 1806 auf sie warten. Rebecca Friedländer, als Verfasserin geschwätziger Romane hernach unter dem Namen Regina

Frohberg in Wien bekannt, gewinnt Rahels Vertrauen. (Sie ist die Schwester von Julie und der bekannteren Marianne Saling, die während des Wiener Kongresses die Gäste Fanny von Arnsteins bezaubert. Noch einmal, ein Jahr nach Rahels Tod, rückt Marianne ins helle Licht, diesmal der Berliner Gesellschaft, als ihr Varnhagen die Verlobung anbietet.) Rebecca ist weniger von der Natur bevorzugt als ihre Schwestern. Die unglückliche Liebe dieser jüngeren Frau läßt Rahel ihre eigenen Erfahrungen aussprechen; denn sie will ja die Zerstörung des Ich nicht annehmen. Sie will, wie sie es im „Wilhelm Meister" vorgezeichnet sieht, in allem Leid und jeder Enttäuschung ein Weiterkommen, ein Festerwerden erreichen; „immer in der Unschuld, die andern besser zu sehen als sie sind und meist sie sich vorzuziehen; immer aufgelegt zu lernen und nachzugeben", identifiziert sie sich fast mit Wilhelm Meister. So kann sie auch Karl Varnhagen, der sie 1808 aufsucht, ihr Leben wie einen Roman erzählen und ihm die Briefe, die sie geschrieben und die sie empfangen hat, als Dokumente ihres Suchens und Irrens und ihrer Liebe überlassen. Denn absolute Erfahrung ist nichtig, wenn sie nicht von andern erkannt wird, die Festigkeit eines seiner Umrisse wohl bewußten Ichs ist hinfällig, wenn es nicht von einem Gegenüber wahrgenommen wird. Varnhagen nimmt Rahels Leben denn auch ganz für sich in Anspruch, wenn es später in den „Denkwürdigkeiten des eigenen Lebens" heißt: „Sie ganz zu kennen und zu würdigen, kann ich niemandem zumuten, der nicht in anhaltender Fortdauer und in allen Beziehungen ihr vertrauter Lebensgenosse war . . . Die Vorzüge menschlicher Erscheinung, die mir bisher einzeln begegnet waren, fand ich hier beisammen, Geist und Witz, Tiefsinn und Wahrheitsliebe, Einbildungskraft und Laune, verbunden zu einer Folge von raschen, leisen, graziösen Lebensbewegungen, welche, gleich Goethes Worten, ganz dicht an der Sache sich halten, ja diese selber sind, und mit der ganzen Macht ihres tiefsten Gehaltes augenblicklich wirken. Neben allem Großen und Scharfen quoll aber auch immerfort die weibliche Milde und Anmut hervor, welche besonders den Augen und dem edlen Munde den lieblichsten Ausdruck gab, ohne den starken der gewaltigen Leidenschaft und des heftigsten Aufwallens zu verhindern."

Varnhagens Bewunderung ist sicher echt, weil er selbst, unausgeprägt in seiner Leidenschaft und in seinem Denken, ziellos und nur vom Ehrgeiz des Eitlen besessen, in Rahel die innere Unabhängigkeit wittert, die ihm so sehr fehlt. Sehr schnell nimmt er sich das Recht zu täglichem Besuch in der Jägerstraße und im Laufe des Sommers in Charlottenburg, wo Rahel sich zur Erholung eingemietet hat. „Die größere Einsamkeit, in welcher ich die Freundin hier sah, gab unserm Gespräch und ganzem Zusammensein einen freieren Gang und reicheren Ertrag; der heimliche Schattenplatz vor der Tür des kleinen Hauses in der abgelegenen Schloßstraße, die kühlen Spaziergänge in den duftenden Gartenwegen, durch die breiten bäumereichen Straßen des damals überaus stillen Ortes, längs des Ufers der Spree und über die Brücke, diese Reize der Örtlichkeit, oft noch erhöht durch die volle Pracht des Mond- und Sternenhimmels, sind mir in der Erinnerung unauflöslich verwebt mit den erhabensten Geistesflügen und den zartesten Schwingungen des erregten Gemüts, welches denn doch zugleich leidenschaftlichen Spannungen und geselligem Widerstreite genugsam eröffnet blieb und daher von sentimentaler Verweichlichung gar nicht bedroht war." So wortereich schildert Varnhagen die Intimität seiner Freundschaft zu der vierzehn Jahre älteren Frau, wenn er auch nicht verschweigt, daß er der Nehmende ist: „Weit entfernt, Billigung für alles zu finden, vernahm ich manchen Tadel, und andres Mißfallen konnt' ich unausgesprochen erraten . . . Auch wurde ich mir selbst gleichsam entrückt in der gewaltigen Anziehung der außerordentlichen Gebilde, welche zum Austausch meiner Gaben sich vor mir ausbreiteten." Er zählt nicht ohne Genugtuung alle die auf, die vormals in Rahels Salon gern gesehen gewesen sind.

Rahel ist sich gewiß nicht gleich bewußt, daß sie sich in so restlosem Sich-Anvertrauen von Varnhagen abhängig macht, daß sie auf den Partner verzichten und sich mit einem Gegenüber wird bescheiden müssen. Anders gäbe es wohl den Briefwechsel mit Alexander von der Marwitz nicht, in dem es ihr immer wieder gelingt, sich selbst auszusprechen, ohne sich bewußt zu objektivieren. Ihm schreibt sie nun die Träume der früheren Jahre auf, Prosastücke voller Innenspannung und Struktur.

Marwitz ist zweiundzwanzigjährig, als er sie 1809 kennenlernt. „Sie mag wohl jetzt das größte Weib sein!" Er ist sofort in ihrem Bann. Sie verkehren im Hause der Frau von Fouqué, sie sehen sich im Kolleg bei Fichte, er sucht sie in ihrer Wohnung auf. Es ist ja die Zeit der Not und des gespannten Verhältnisses zur Mutter kurz vor deren Tod. Kaum ist ihr Salon noch in der Erinnerung der Mitlebenden. Sie wirkt allein durch sich selbst. Noch hat sie Urquijos Absage nicht ganz verschmerzt, noch ist Varnhagen nur das Ohr, in das sie alles hineinsprechen kann. „Wollte Varnhagens Briefe durchsehen: las nur ein Billett. Wozu mehr! da keine Farbe hervorspringen will", notiert sie wenige Wochen nach der ersten Begegnung mit Marwitz. Noch ist sie von ihm nicht getroffen, aber ihr seelischer Zustand gleitet in die Leere hinüber, die der äußersten Steigerung ihres Selbst voraufgeht. „Was machen Sie?" – „Nichts. Ich lasse das Leben auf mich regnen" (Notiz 1810), Marwitz ist in einem ähnlichen Zustand wie sie. Er erwartet nichts. Er ist müde zu leben, weil ihn das Mittelmaß, die „alberne Regelmäßigkeit der Tage" (Rahel) anwidert. Aus alter Familie, frühzeitig vaterlos, hat seine glänzende Begabung ihn nie die Wärme echter Zuneigung vermissen lassen. Immer ist er der erste unter seinen Freunden, immer hochgespannt, so daß ihm die zaudernde Stimmung nach der Niederlage Preußens unerträglich wird; denn die politische Leidenschaft seines Bruders geht ihm ab. (Friedrich August Ludwig von der Marwitz ist einer der hervorragendsten Gegner des Hardenbergschen Liberalismus. Sein Entwurf zur Reform des Adels fordert die Elitebildung auf der alten feudalistischen Basis. Er will die Privilegien allein auf die Erstgeborenen übertragen sehen und so eine Straffung der Verantwortung erreichen, ein preußischer Feuerkopf und Michael Kohlhaas, der für das Recht der Stände gegen Hardenberg auftritt und dafür auf die Festung Spandau geschickt wird.) Alexander liebt den älteren Bruder nicht sonderlich, aber er übernimmt die Verwaltung des Familiengutes Friedersdorf bei Küstrin, während Friedrich Aug. Ludwig in den ersten preußisch-französischen Krieg geht und wieder während des Bruders Festungshaft. Alexander hängt mit scheuer Zärtlichkeit an dem ältesten Neffen. Dessen Tod und der Tod eines Neugeborenen wühlt ihn auf und steigert sein Ungenügen am Leben.

Zu rasch aber schlägt Alexanders Ungeduld in Gleichgültigkeit um, sobald die Kraft des ersten Zugriffs erlahmt. In Memel, dem provisorischen Sitz der preußischen Regierung, versucht er Kontakt mit dem Tugendbund der Männer um Stein zu finden, im Schillschen Freikorps reitet er kurze Zeit mit; doch ihn fesselt nichts als das Studium der Altertumswissenschaften, das er in Halle bei Friedrich August Wolff begonnen hat und nach Schließung der Hallenser Universität in Berlin fortsetzt, nicht ohne sich dann doch auf den Referendar vorzubereiten. Schon 1809 schlägt ihn Niebuhr zum Staatsrat vor, Alexander lehnt aber ab. Sein Hunger nach Wissen, nach Erfahrung, läßt ihn die frühzeitige Einengung durch Aufgaben fürchten. Er nimmt am österreichischen Feldzug teil, kämpft bei Wagram und Znaim mit. Der Friedensschluß macht ihn aufs Äußerste gereizt. Im Zorn ersticht er einen Wirt in Olmütz, der ihn im Streit bedroht hat, – ein furioser Charakter voller Menschenverachtung und ungerichteter Leidenschaft, ein Außenseiter, der in der fast doppelt so alten Rahel die gleiche Ungerichtetheit, das gleiche Draußenstehen erspürt, ohne den Unterschied ihrer beider Positionen zu ahnen. Und er klammert sich an sie. „Ihre Briefe sind mir unentbehrlich", schreibt er aus Potsdam. Für zwei Jahre sind seine Briefe und seine Besuche auch für Rahel unentbehrlich. Marwitz stellt ihre Biographie in ein anderes Licht. Sie ist ihm keine von der Gesellschaft Ausgestoßene, sonder kraft ihrer Persönlichkeit über die Gesellschaft erhaben. Er lehrt sie, sich so zu sehen: er lehrt sie Selbstachtung. Und sie wiederum ist ganz in Marwitz' Denken hineingeraten, wenn sie über Kleists Tod schreibt: „Und niemals hör ich dergleichen, ohne mich der Tat zu freuen. Ich mag es nicht, daß die Unglückseligen, die Menschen, bis auf den Hefen leiden, denn Wahrheit, Großes, Unendliches, wenn man es konzessiert, kann man sich auf allen Wegen nähern"; und im Stil der Marwitzschen Lebensverachtung: „– wenn es hoch und schön kommt, zu achtzig Jahren ein glücklicher imbécile werden, und wenn dreißig Jahre mich schon ekelhaft deteriorieren?" Er fördert auch ihre kritische Einstellung zu Varnhagen, ihre Briefe an ihn verraten in dieser Zeit Schärfe und Überreiztheit. Aber sie hält denn doch an ihm fest und ermuntert ihn bei seinen Bemühungen, Karriere zu machen, so als wüßte sie von Anfang an, daß sie zu dem Außenseitertum, das Marwitz von ihr fordert, nicht geschaffen, die Verachtung der bestehenden Ordnung nicht tragfähig ist für sie. Dennoch hat Alexander sie nicht nur durch seine Anregungen gesteigert; die Begegnungen mit ihm zählen zu den Gipfelpunkten ihres Lebens, er hat sie auch gelehrt, kühl zu denken, die Sentimentalität mancher ihrer früheren Äußerungen abzustreifen. Wenn er sein Zimmer in Potsdam mit der exakten Wahrnehmungsfähigkeit des Schwermütigen beschreibt, wenn sie ihm einen Spaziergang Unter den Linden („die struppigen Linden" schreibt sie) und den Schauder vor den vielen Men-

schen, deren Gesichter ihre kleinlichen Gedanken und Hoff-
nungen spiegeln, darstellt, so ist die Perspektive beider in
ihrer radikalen Sachlichkeit der eignen Zeit weit entrückt.
Doch so können sie beide nicht durchhalten zu leben. Und
sie werden beide vom Enthusiasmus der Befreiungskriege
erfaßt. Nach einer ersten Verwundung gefangen, entkommt
Marwitz und schlägt sich nach Prag durch. Rahel pflegt ihn
glückliche Wochen hindurch, und es erschreckt sie, daß er,
ein ungeduldig Genesender, bald wieder den Außenseiter
hervorkehrt. Benommen vom rauschhaften Patriotismus
leidet sie unter seinem Zynismus und wagt die Trauer über
seinen Schlachtentod bald nach seiner Genesung kaum recht
zuzugeben. Sie ist ja derzeit schon zum Kompromiß, zum
Mit-dem-Leben-Mitmachen, zur Ehe mit Varnhagen, zum
Verzicht auf die große Leidenschaft entschlossen.

„Ich bin völlig frei mit ihm, sonst hätte ich ihn *nie* heiraten können. Er denkt über die Ehe wie ich. Ich bin ganz
wahr mit ihm: in *allem*. Und davon liebt er mich. Also
mich." (Brief an Pauline Wiesel 1815.) Rahel ist dreiundvier-
zig Jahre alt, als sie die Ehe mit dem Neunundzwanzigjähri-
gen schließt. Er hat seine Unfähigkeit zur Leidenschaft und
seine sehr durchschnittliche Begabung seit der ersten Begegnung 1808 bewußt und ausdauernd genutzt. Es ist anzunehmen, daß die Geständnisse der berühmten Frau den
jungen, armen und ein wenig ziellosen Intellektuellen nicht
unberührt gelassen haben. Sie haben ihm das Bewußtsein
seiner Wichtigkeit für Rahel gegeben, das ihn angespornt,
zeitweilig auch wohl eingeengt hat. Seltsam, daß sich bei dem
halb ausstudierten Mediziner keine besondere Begabung
zeigt, daß er alles übernimmt, was auf ihn zukommt, daß
er als Mediziner dilettiert und als Herausgeber debütiert, indem er Rahels Äußerungen über Goethe aus den Briefen
herauslöst, mit Antworten versieht und den Briefwechsel
Cotta zum Druck anbietet, und daß er doch alles, was er
unternimmt, zu seinem Fortkommen auswertet. Er macht

sich als Sekretär des Grafen Bentheim während des öster-
reichisch-französischen Krieges 1809 unentbehrlich, begleitet
ihn nach Paris und auf sein Gut nach Westfalen, knüpft Beziehungen an, ist geschäftig und gefügig und bastelt an seinem
Adelsprädikat, da er in einem westfälischen Geschichtsbuch
Nachrichten und Wappen von einer alten Familie von Ense,
genannt Varnhagen, entdeckt hat, von der ihm sein Vater
schon erzählt haben will. 1813 meldet er sich wieder zu den
Waffen und erhält den Titel kaiserlich-russischer Hauptmann
im Regiment des Obersten Tettenborn. Er redigiert eine
Feldzeitung, fungiert wieder als Sekretär und schreibt patrio-
tische Artikel. Sicher wird ihm seine Zudringlichkeit kaum
bewußt, denn Menschen von solcher Geschmeidigkeit und
Anpassungsfähigkeit werden immer gebraucht. Und als er
Rahel, die vor den Kriegswirren 1813 aus Berlin geflüchtet
ist und sich von ihren Brüdern getrennt hat, in Prag auf seine
Kosten unterhalten kann, hat er auch ihr gegenüber gewon-
nenes Spiel. Daß seine Sekretärstätigkeit während des Wiener
Kongresses ihm den Posten des preußischen Gesandten in
Baden einträgt, bringt auch Rahel ans Ziel ihrer Wünsche.
Sie scheint als seine Frau nun endlich in die Gesellschaft auf-
genommen, verkehrt in Karlsruhe mit Prinzen und Prinzes-
sinnen, genießt wiederum ihre persönliche Wirkung und die
Freiheit von der eigenen Vergangenheit.

Dennoch macht sich das Ungenügen erneut bemerkbar.
Sie schreibt an ihre in Holland verheiratete Schwester: „Geh
an Orte, wo neue Gegenstände, Werte und Menschen dich
berühren, die Blut, Leben, Nerven und Gedanken auf-
frischen. Wir Frauen haben *dies* doppelt nötig; indessen der
Männer Beschäftigung, wenigstens in ihren Augen auch Ge-
schäfte sind, die sie für wichtig halten müssen, in deren Aus-
übung ihre Ambition sich schmeichelt; worin sie ein Weiterkommen sehen, in welcher sie durch Menschenverkehr schon
bewegt werden: wenn wir nur immer herabziehende, die
kleinen Ausgaben und Einrichtungen, die sich ganz nach der

Männer Stand beziehen müssen, Stückeleien vor uns haben. Es ist Menschenunkunde, wenn sich die Leute einbilden, unser Geist sei anders und zu andern Bedürfnissen konstituiert, und wir können z. E. ganz von des Mannes oder des Sohnes Existenz mitzehren. Diese Forderung entsteht nur aus der Voraussetzung, daß ein Weib in ihrer ganzen Seele nichts höheres kannte, als gerade die Forderungen und Ansprüche ihres Mannes in der Welt . . . Man liebt, hegt, pflegt wohl die Wünsche der Seinigen; fügt sich ihnen; macht sie sich zur höchsten Sorge und dringendsten Beschäftigung; aber erfüllen, erholen und ausruhen, zu fernerer Tätigkeit und Tragen, können die uns nicht."

Rahel leidet darunter – wie modern ist das erlebt –, nur die Frau ihres Mannes zu sein, sie, die doch Mitte ihrer eigenen Welt gewesen ist, zu der die interessantesten Männer Berlins gekommen sind, um ihre „Dachstuben-Wahrheiten" anzuhören. Sie leidet darunter, sich in die Friederike von Varnhagen verwandelt zu haben. Das verschärft sich, als das Ehepaar nach Berlin zurückgehen muß, weil Varnhagen nach den Karlsbader Beschlüssen seiner liberalen Gesinnung wegen von seinem Posten abberufen wird. In Berlin ist die Vergangenheit wieder gegenwärtig, wenn auch die Fäden zur Vergangenheit abgerissen sind. Als Gattin des demissionierten Gesandten, der nunmehr als Geheimer Legationsrat auf Lebenszeit zur Disposition steht, hat sie die Rolle zu spielen, die er für legitim erachtet. Die Goetheverehrung wird zum Zentralthema des Varnhagenschen Salons. „Wir wohnen Friedrichs- und Französische Straßen-Ecke, sehr nah, wo die Bethmann wohnt, Humboldts, wo O'Farils wohnten; Frau Helwig vorne in der Behrenstraße."

Das Verständnis für das Goethesche Werk, das Rahel zwei Jahrzehnte früher den Abstand zu sich selbst geschenkt hatte, wird nun zu einer gesellschaftlichen Verbindlichkeit. Varnhagen will etwas darstellen, Rahel hat die geistreiche Gattin zu spielen, Kultur wird zur Repräsentation. „Mitunter Theater. Nicht *einmal* wie wir's *hatten*. Nichts von Pauline und mir. Keine Freiheit. Wollen Sie noch mehr wissen? Oft wundere ich mich, daß ich lebe, dieselbige bin und so weit von mir abkam." Dieser Brief an Pauline Wiesel – die meisten Briefe Rahels an Pauline hat Varnhagen nach Rahels Tod gegen Bezahlung zurückgefordert und dann vernichtet, er, der jede Zeile für den Nachlaß gesammelt hat – verrät die Verzweiflung über die Nichtigkeit des erreichten Zieles: in der Gesellschaft zu sein. „Wieder geliebt sein wollen und Treue verlangen ist dumm – und von den Vorfahren uns eingebläut –, aber Bewunderung durch die Augen, Glück durch *sehen*, das ewig Schöne, Paradiesartige auf der Erde. Nur darum möchte ich noch einmal leben, um zu lieben und es nie zu gestehen. So lang es eine Empfindung, ist es göttlich; so wird's ein Verhältnis, eine Geschichte – halbe Ehe – gemeine Werkeltagslast."

Rahel hat den Partner nicht gefunden. Und ist doch abhängig von Varnhagen und versucht die Abhängigkeit durch Dankbarkeit erträglich zu machen. Aber wenn einer kommt und sie aus der Müdigkeit reißt, bricht der Redestrom aus ihr hervor. Funkelnde Sätze, ungewöhnliche, jedenfalls selten ausgesprochene Erfahrungen bezaubern den anderen. 1821 lernt sie Heine kennen, der sie häufig aufsucht. Ihm, der sich immer „im Herzen ein Jude" fühlt, der in Berlin auch im „Verein für Kultur und Wissenschaft der Juden" zeitweilig mitarbeitet, jedoch vor der betonten Religiosität dieses Vereins ausweicht, klagt Rahel wohl die schmerzhafte Spannung, die sie noch immer innerhalb der Gesellschaft empfindet, die ihre jüdische Herkunft nicht vergessen will; hat sie sich doch schon 1816 auf einem Empfang in Frankfurt „wie eine Pute auf fremdem Hof" gesehen. Heine versteht Rahel nicht nur – eine ganze Generation jünger, sieht er Assimilation und Emanzipation mit kritischen Augen.

Er verspottet den Salon. Er verspürt die Steifheit der Gesellschaft, die nicht mehr ehrlich ist, das Ungenügen hinter der Maske der Würde. Er fröstelt bei den Gesprächen, die keine Konfessionen mehr sind wie einst die Dachstuben-gespräche. Und Rahel versteht ihn, wenn sie auch nun die Friederike Varnhagen von Ense nicht mehr ablegen kann und die Gastgeberin spielen muß, die „Pute auf fremdem Hof", die alle anstarren. Sie gibt ihm verstohlen Beifall, wenn er liest:

> „Sie saßen und tranken am Teetisch
> Und sprachen von Liebe viel.
> Die Herren, die waren ästhetisch,
> Die Damen von zartem Gefühl.
>
> ,Die Liebe muß sein platonisch',
> Der dürre Hofrat sprach.
> Die Hofrätin lächelt ironisch,
> Und dennoch seufzet sie: ,Ach!'
>
> Der Domherr öffnet den Mund weit:
> ,Die Liebe sei nicht zu roh,
> Sie schadet sonst der Gesundheit.'
> Das Fräulein lispelt: ,Wieso?'
>
> Die Gräfin spricht wehmütig:
> ,Die Liebe ist eine Passion!'
> Und präsentieret gütig
> Die Tasse dem Herrn Baron.
>
> Am Tische war noch ein Plätzchen;
> Mein Liebchen, da hast du gefehlt.
> Du hättest so hübsch, mein Schätzchen,
> Von deiner Liebe erzählt."

Wenn Rahel in späten Briefen an den Bruder Markus wieder hebräische Schriftzeichen verwendet und damit die Vergeblichkeit ihres Aufstiegs zum Ausdruck bringt, so geht das auf die Gespräche mit Heine zurück und ist ein Aufbegehren gegen den schwelenden Antisemitismus, der beim Ausbruch der Cholera 1831 in Berlin das Gerücht aufkommen läßt, daß die Juden die Brunnen vergiftet hätten. (Es ist das uralte Gerücht, das so oft den mittelalterlichen Pogromen vorausgegangen war.) Überhaupt herrscht in Rahels letzten Jahren der Wunsch vor, die alten Fäden wieder zu knüpfen. Sie schreibt an Brinckmann in Stockholm, sie kommt mit Gentz wieder in Kontakt, sie trifft in Baden mit Pauline Wiesel zusammen, sie nimmt aber auch Kinder der Verwandten zu sich: „Ich lebte endlich acht Wochen, von morgens 7 bis 9 – und auch des Nachts mit zwei-, drei-, viermal nach ihnen sehen – abends mit, für und nur durch sie. Ich machte ihnen *Fleisch* durch Pflege; und ließ ihre Seelen wachsen, ihren Geist sich heben und regen. Nun ist's aus. Alles aus." Sie sucht verzweifelt die Ernte ihres Lebens einzubringen. „Was will der Mensch mehr. Schweben, Leben, Sein, Fertigsein", äußert sie über den Wiener Walzer und erklärt ihn als Ausdruck der Erleichterung nach der Anspannung der Kriege gegen Napoleon. Immer bleibt sie scharf- und klarsichtig. Ihr Urteil über den jungen Heine enthüllt liebend seinen Charakter mit allen Schwächen, so wie auch jener schon zitierte Brief an Leopold von Ranke Friedrich Gentz liebend und dennoch klar erfaßt. Bis zuletzt sucht sie die Schwermut heim, aber schenkt sich ihr auch die Welt. „Ich verachte nicht das Leben, das Gefühl von Dasein, die Denk-, die Fühlfähigkeit, das große heilige amüsante Rätsel: diese Zerstückelung ist zu kolossal, zu augenscheinlich, auch für solche Augen, mit denen wir hier hausen und unsern Verkehr treiben. Ich habe Momente von wahrem Erschauen, wo mir blitzlang alles klar ist; wo ich weiß, was das ist; heilig."

Varnhagen hat ein Jahr nach Rahels Tod ihr Bild für die Nachwelt mit seinen Korrekturen aufgezeichnet (Rahel, ein Buch des Andenkens für ihre Freunde). Persönlichkeitskult? Sicher. Bekenntnis seiner liberalen Einstellung? Auch das, er umwarb um diese Zeit ja Marianne Saling, die ebenfalls aus jüdischer Familie war. Vor allem aber wohl der Wunsch, im Glanz dieser außergewöhnlichen Frau weiterzuleben.

Rahel ist nie aus dem Gedächtnis Berlins entschwunden. Ihr Leben umfaßt die Spanne Zeit, in der sich das achtzehnte Jahrhundert in das neunzehnte wandelt. Fichtes „Reden an die Deutsche Nation", Schleiermachers „Reden über die Religion", Wilhelm von Humboldts Abhandlung „Über die Verschiedenheit des menschlichen Sprachbaues und ihren Einfluß auf die geistige Entwicklung des Menschengeschlechtes, die Gründung der Berliner Universität, die Stein-Hardenbergschen Reformen, Anspannung und Rausch der Befreiungskriege, – vielerlei Symptome künden die strukturelle Veränderung der Gesellschaft an. Die Demagogenverfolgung, das Druckverbot für die Fichteschen Reden 1824, die Überwachung der Schleiermacherschen Predigten, die Entlassung Wilhelm von Humboldts, Grolmans, Boyens, Beymes, der traurige Ruhm der Hausvogtei und des Köpenicker Schlosses, in denen die wegen liberaler Gesinnung verhafteten Bürger eingekerkert werden, die Finanzkatastrophe von 1826, der Bau der ersten Mietskasernen vorm Hamburger und Oranienburger Tor, die Teuerungen, die Auswanderungswellen – Rahel hat in Baden das Elend der zur Auswanderung sich sammelnden Familien gesehen –, das Hambacher Fest signalisieren die Krise des untergehenden absolutistischen Feudalismus.

Aber auch die ersten Vorzeichen des technischen Zeitalters machen sich bemerkbar. 1826 wird die Straßenbeleuchtung in Berlin auf Gaslaternen umgestellt, schon 1815 ist das erste kontinentale Dampfschiff auf der Spree gefahren, wenn auch der Dampferverkehr erst 1825 für die Wirtschaft nutzbar gemacht wird; 1821 wird das Gewerbeinstitut von Beuth in der Klosterstraße eingerichtet, 1824 die Gewerbeschule von Klöden eröffnet und der humanistische Bildungsweg damit in seiner begrenzten Anpassungsfähigkeit an das heraufkommende Industriezeitalter gekennzeichnet. Der Maschinenbau gewinnt in Berlin Bedeutung, und ab 1816 werden die Ausfallstraßen ausgebaut, der Eisenbahnbau wird vorbereitet, der Zollverein durch Aufhebung der Binnenzölle angestrebt.

Rahel nimmt von den Zeiterscheinungen vor allem die menschliche Not wahr. Aber anders als die alternde Herz, die sich sozial betätigt, einen Studentenfreitisch hält und den Landmädchen, die in die Stadt kommen, Stellen vermittelt, um ihnen das Elend der Fremde zu ersparen, ist Rahel durch ihre schwankende Gesundheit und ihre Ehe mit Varnhagen, durch die gesellschaftlichen Repräsentationspflichten weit stärker eingeengt als die alleinstehende, verarmte Gefährtin der Jugend. Vielleicht darum empfindet Rahel die Nichtigkeit des Lebens in der Gesellschaft um so heftiger, je seltner ihr das Glück der Partnerschaft im Gespräch zuteil wird. Die Veränderung der Außenwelt, die ja in den biedermeierlich stillen Straßen mit den Brunnen und Wassertrögen und Schmutzwasserrinnen kaum schon sichtbar ist, ahnt die Alternde mehr, als daß sie sie präzis erfaßt. „Und sehen Sie nicht nur die Unordnung, sondern was die in der Zeit sich folgenden Menschen zu wollen haben", schreibt sie an Gentz: „Fassen Sie ins Auge, was Weltwirrwarr, *alte* Sünden, *längst* Verfehltes nun *erlaubt*, und wohin eben dies *drängt*." Aber sie selbst wird von der Angst heimgesucht, nicht mehr in die Zukunft zu greifen. „In der *Welt* fürchte ich nichts so als Pöbel, Hornvieh, Unvernunft –." Sie hat abgeschlossen. Sie ist kränklich. „Unter reinen *Menschen* müßte ich wenigstens sein. Nur einen *Punkt* Mensch im Menschen, und ich hebe uns wie mit dem berühmten Hebel nach *allen Welten*." Sie ist einsam. Sie hat ihr Leben als einen großen Versuch, zum Ich zu werden und als Ich zu wirken, unternommen. Die ihr begegnet sind, haben den Zauber ihres lebhaften Geistes gespürt, Varnhagen hat sich zum Sammler ihrer vielfältigen Äußerungen gemacht und versucht, die zum Bild zusammenzusetzen. Dabei ist die Wirkung dieser Frau kaum festzuhalten: ihre sprunghaften Gedanken, ihre brillant ungeordneten Briefe, ihre Tagebücher sind gesprochen, ihre frühe Freude an schäbiger Kleidung, ihre spätere Lust an farblicher Extravaganz sind Eigenschaften einer Schauspielerin wie auch die Fähigkeit, sich auf die verschiedensten Menschen einzustellen. Ihre Besonderheit aber ist die Fähigkeit, immer auch sich selber zuzusehen, überempfindlich, hochgespannt das Vakuum des Ich zu erfahren, und seiner klassischen Würde zu mißtrauen.

So ist von ihrem Leben ein vielfach gebrochener Glanz im Gedächtnis der Nachlebenden geblieben, und das persönliche Schicksal, dieses lebenslange Leiden unter dem „Makel der Geburt", hat sich verwischt.

Persona ingrata der Assimilation hat sich nicht nur den Aufbruch in die Gesellschaft, sondern auch die Gefährdung der eignen Substanz in der Gesellschaft erfahren und kraft ihrer Persönlichkeit bestanden. „Wie denn *jeder* Mensch, der nur Besinnung hat, ein ganz einziges Schicksal hat: ein Moment des Ganzen ist – Gottes, wenn Sie wollen – der nur einmal existieren *kann*."

IV.

VOM WALZER ZUM BARRIKADENBAU

Der Salon zwischen Reaktion und Revolution

„Bei uns herrscht in allem der Schein, das Wort, anstatt der Sache, mächtiges Vorurtheil, geheiligter Wahn, Verehrung von Namen. Unser Kunstwesen ist gar ein Greuel! Es mögen einst gute Ergebnisse davon kommen, aber die Fluth, aus der sie einst zurückbleiben, wenn diese abgelaufen ist, hat nur Widriges. Eine laue Ziererei, die sich jeder Alfanz zulegt, wie andre Modesachen!" notiert Varnhagen 1841 in sein Tagebuch. Sein Unbehagen ist das gleiche, das diese Zeit zwischen den Befreiungskriegen und der achtundvierziger Revolution in uns auslöst und die wir seit Eichbrodts Roman „Biedermeiers Liederlust", der 1870 geschrieben wurde, *Das Biedermeier* nennen, als sei der genügsame Schulmeister Biedermeier das Sinnbild dieser Epoche.

Gewiß, Genügsamkeit scheint eine Tugend, die in der Geselligkeit dieser Jahrzehnte ihren Niederschlag gefunden hat, wo man mit einem Apfel in der Hand zur heitersten Gesprächsrunde vereint sein konnte, wo ein Minister es nicht anstößig fand, seine Gäste mit kaltem Braten, Butterbrot und klarem Wasser zu bewirten, und wo das Sofa noch immer als ein Luxusmöbel galt und durch die viel verspotteten Schondeckchen geschützt wurde. Aber Genügsamkeit ist denn doch das Kennzeichen der Verarmung, eine Folge der Kriege und der sich abzeichnenden Strukturveränderung der Wirtschaft. Die Aufhebung der Kontinentalsperre hatte ein Überangebot englischer Tuchwaren auf den Markt gebracht und damit ein bedeutendes Gewerbe in Berlin getroffen. Die

Webernot im sogenannten „Vogtland", jenem ersten Mietskasernenviertel zwischen dem Hamburger und dem Oranienburger Tor, signalisiert das Ende des merkantilistischen Zeitalters. Zollverein, Kanalbau, Straßenbau, Eisenbahnbau reißen die begrenzten Wirtschaftsräume auf; die Gewerbefreiheit belebt, aber gefährdet auch das noch ständisch orientierte Wirtschaftsgefüge der Städte; und vierunddreißig Souveräne, mit ihren Hofhaltungen und Zensurbehörden Überreste des feudalistischen Zeitalters, erschweren die notwendige Umformung der Gesellschaft.

„Deutschland, das große, reiche, mächtige Deutschland sollte die erste Stelle einnehmen in der Gesellschaft der europäischen Staaten, allein, beraubt durch verräterische Aristokratenfamilien, ist es aus der Liste der europäischen Reiche gestrichen und der Verspottung des Auslandes preisgegeben", ruft Johann Georg August Wirth auf dem Hambacher Fest 1832 aus.

Fanny Lewald, die sich 1839 in Berlin niederläßt, erinnert sich: „Die eigentliche Glanzepoche der Geselligkeit war schon vorüber. – Man sprach überall noch von den Zeiten vor dem Jahre sechs, und namentlich von den Jahren, welche den Freiheitskriegen gefolgt waren, als von einer schönen Vergangenheit. – Der Friede und die ihm folgende Reaktion hatten die Fürsten von dem Volke, den Adel von den Bürgerlichen, das Militär vom Zivil getrennt. – Feste Gesellschaftsabende oder Häuser, welche dem Besucher an jedem Abende offen gestanden hätten, gab es in den bürgerlichen Kreisen wenige. Die Aristokratie hielt sich um den Hof geschart, – die höheren Beamten lebten das Jahr hindurch meist in genauester Beschränkung, um ein oder zweimal im Winter, eine jener ängstlich aufgesteiften, mit frostigem Überfluß versehenen Gesellschaften zu geben, bei denen in sonst ungeheizten Sälen die Feuchtigkeit aus den Wänden schwitzte und fremde Lohndiener sich in den Zimmern nicht zurechtfanden; und die reichen Kaufleute, Christen sowohl als Juden, gaben Bälle, Mittagbrote und Soireen, welche von hochgestellten Beamten, von Gelehrten und von höheren und niederen Militärpersonen sehr gern, aber doch mit einer gewissen ironischen Herablassung besucht wurden."

Fanny Lewald spricht die gleiche Abneigung gegen einen verlogenen gesellschaftlichen Zustand aus, die Varnhagen empfindet; sie liebt das Gespräch im kleinen Kreis, – selbst Varnhagen, der ihr Schaffen interessiert verfolgt, sieht sich immer als Außenstehender an. Erst als alte Dame und nach dem Tode ihres Gatten Adolf Stahr erweitert Fanny Lewald den Kreis ihrer Gäste und hält noch in den siebziger Jahren, in der Ära der jungen Reichshauptstadt, einen Salon im Stile Rahels, die sie hochverehrt.

Im Biedermeier bestimmen die Hoffeste den Rhythmus des Winters und den Geschmack der Gesellschaft, königliche Huld ist das Ziel der ehrgeizigen Jugend. Die Jahre, in denen ein Prinzenerzieher mit seinem Zögling die Treppen eines Bürgerhauses hinaufstieg, um Markus Herz' physikalischen Vorlesungen zu lauschen, liegen weit zurück. Gewiß nehmen Mitglieder der königlichen Familie an Theateraufführungen und Konzerten teil, gewiß singen einige hochgestellte Damen bei den Proben von Zelters Singakademie mit und wird Alexander von Humboldts große Vortragsreihe, in der er die Ergebnisse seiner Reisen und Forschungen darlegt, zum gesellschaftlichen Ereignis, gewiß genießen einzelne Künstler die Gunst des Hofes, immer aber ist die Huld öffentlich, zugleich also Geste und verbirgt kaum den ins Absurde gesteigerten Romantizismus höfischer Kreise. Varnhagen sieht Eitelkeiten und politisches Versagen, er trifft mit allen Unzufriedenen zusammen, doch die Leidenschaft zur Aktivität überkommt ihn nur manchmal als blasse Hoffnung. Er ist nicht der Mann, hinter den politischen Kriterien, die durchaus Ansätze bürgerlichen Selbstbewußtseins erkennen lassen, auch den veränderten Lebensstil des Bürgertums herauszuspüren. Zu weit hat Rahel neben ihm in die Zukunft vorausgelebt und die Hohlheit gesellschaftlicher Wertungen ausgekostet. Hätte sie unter den Salons des Biedermeiers auch kaum einen nennenswert gefunden, so hat sie doch mit ihrem Instinkt für wesentliche Menschen immer schon Bettina von Arnim als geistreich, als ebenbürtig begriffen, und allein an ihrem Dasein die fortwirkende Unruhe abgelesen, die sie selbst einst ausgelöst hat. Weniger politisch orientiert als Varnhagen, der zu Bettina eine politisch gestimmte Freundschaft hält, hätte Rahel in dieser Frau mit dem uradligen Namen die Gewißheit der sich verändernden Welt gewonnen. Fast visionär ist eine Notiz Rahels von 1823, die ein Phänomen beleuchtet, das im Zusammenhang mit den Salons zu bedenken sein wird und die schöpferische Fähigkeit der Frau betrifft, die ja, wenn auch meist dilettantisch, in der Geselligkeit ihren Ausdruck sucht und den Stil des bürgerlichsten Salons noch prägt.

„Ganz in der Art der zu verwerfenden Schmeichelei scheint es mir, wenn eine Frau, indem sie schreibt, sich noch immer als ganz untergeordnet gegen einen Mann oder die Männer stellt und verstellt; und bei ihrem Schreiben zu erwähnen sucht, als halte sie sich für einen liebenswürdigen, wegen doch nun einmal unzufürchtender Schwäche zu duldenden Usurpator! Nicht ihre furchtsamen Reverenzen, das Fach, worin sie schreibt, wird sie schon in die weiblichen Reihen stellen: es wird die allernächste Zeit keines sein, wo Universität und Studium dazugehört. Hätte aber einmal ein Weib das Glück, bei allem andern, was ihr vorbehalten ist, von diesen genährt und gepflegt worden zu sein, und den Geist und die Gaben, mit denen das Studium allein Früchte trägt; und sie brächte sie wirklich auf den Markt der Wissenschaften: was sollen wohl die langen, seichten Entschuldigungen, bei dem geistigsten unparteiischten Verkehr und Austausch, und altfränkische Koketterie? Oder soll eine Frau läppisch bleiben? Und unter allen Bedingungen? So sag ich mit Friedrich Schlegel, die Männer sind eben so lange roh. Solange die Männer roh bleiben, sagt er, müssen die Weiber kokett sein."

Rahel hat in ihrem Scharfsinn erkannt, was im 19. Jahrhundert in Bewegung geraten ist. Wo der flüchtige Betrachter nichts als lächerliche Lust am Gespräch, an der Geselligkeit sieht, bei den Tees und Kränzchen und fixen Wochentagen da und dort, zeigt sich bei genauerer Betrachtung der Mündigkeitsanspruch der Frau, ihr Ungenügen an häuslichen Aufgaben, das sich in allen Ständen findet und die moderne, die großstädtische Ungezwungenheit der Geselligkeit vorbereitet.

Hier ist noch einmal auf die Zäsur des Jahres 1806 hinzuweisen, die die Entwicklung zur Liberalisierung der Gesellschaft zurückgeworfen und in der Anspannung der Notzeit die Gegenkräfte hat sichtbar werden lassen, die im Nationalismus des späteren 19. Jahrhunderts weiter wirken.

Mit dem Einzug der Franzosen ist das gesellschaftliche Leben in Berlin erstorben. Der Hof weilt bis 1809 in Königsberg und Memel. Die Besatzung, die in Privatquartiere gegeben wird, trifft alle Schichten der Bevölkerung hart. Franzosenfreunde und Franzosengegner scheiden sich. So ist auch der Salon der Herzogin von Curland überlebt, die zwischen 1804 und 1806 im Kurländischen Palais Unter den Lind 7 eine ähnliche, wenngleich politischer gestimmte Universalität angestrebt hat wie Rahel in ihrer Dachstube, und neben den Gästen, die die Rahel sieht, wie Gentz, Brinckmann, den Prinzen Louis Ferdinand, die Fürstin Luise Radziwill, Ancillon, Dedel, Frau von Staël, August Wilhelm Schlegel, den Grafen Tilly und andere, die den Vorzug hatten, interessant zu sein oder doch zu scheinen, dem Schweizer Historiker und Napoleonanbeter Johannes von Müller besondere Gunst einräumt. Der bittere Friede von Tilsit trifft die politische Laxheit der nachfriderizianischen Jahrzehnte, die den gesellschaftlichen Charme zum Blühen gebracht haben, schlagartig. Die Notwendigkeit, auf ein politisches Ziel hinzuarbeiten, prägt die nächsten Jahre und gibt einem anderen Menschentyp als dem der Salons den Vorrang.

„Die erdrückende Last der Einquartierung wird von den Einwohnern durch das gesittete Betragen der Offiziere, das mit sehr wenigen Ausnahmen überall gerühmt wird, sehr gemildert. Auch über Gemeine, mehrerenteils Garden, wird wenig geklagt. Mehr und sehr über die Domestiken, Sekretäre und dergleichen. Verwüstet wird übrigens alles, die Kirchen und die Vergnügungslokale, die Schlösser und die Bierschenken. Aus der neuen Kirche auf dem Gensdarmenmarkt, Dreifaltigkeitskirche und Neustädtische Kirche sind Pferdeställe geworden. – Die schönsten Gemälde werden eingepackt, selbst die Viktoria auf dem Brandenburger Thor, die nicht einmal ein Kunstwerk, nur eine architektonische Verzierung ist, wird als Trophäe nach Paris geschickt . . . Zeug- und Gießhaus sind bis auf die Dielen geleert . . . Der Kaiser hat hier alle Furcht abgelegt, ist um seine Persönlichkeit unbesorgt und überall sichtbar –". So rasch (dieser Brief Stägemanns ist vom November 1806) hat sich also Berlin von der Königsstadt zur eroberten Hauptstadt eines bald völlig eroberten Landes gewandelt.

Die Weltverbrüderungsträume vom Ende des achtzehnten Jahrhunderts haben aus der Perspektive der Niederlage an Überzeugungskraft verloren. Der Patriotismus lebt auf. Die Gründung der „christlich-deutschen Tischgesellschaft" stellt den radikalsten Versuch einer Reform der Geselligkeit dar, da sie umfassender als der politisch bestimmte „Tugendbund", der in Königsberg um die Männer der Regierung, insbesondere den Freiherrn vom Stein entstanden ist, und vielseitiger als die „Gesetzlose Gesellschaft", die der Bibliothekar und Philologe Philipp Buttmann 1809 in Berlin gegründet hat, eine Erneuerung des geistigen, sittlichen und politischen Lebens anstrebt. Um die Jahreswende

1810/11 wird diese Gesellschaft von Adam Müller und Achim von Arnim gegründet, „eine deutsche Freßgesellschaft mit großen Zwecken", schreibt Arnim burschikos an die Grimms. Jeder „lederne Philister" soll ausgeschlossen sein. Darunter verstehen die Gründer Frauen, Franzosen und Juden. Gegner der Hardenbergschen liberalen Politik treffen sich hier im Zeichen der romantischen Besinnung auf die hohe Kultur des deutschen Mittelalters, der Hinwendung zur Kunst des Volkes und dem Ideal eines deutschen Nationalstaates. Adam Müller, der sich mit dem deutschen Recht und dem Lehnsrecht sowie dem britischen Privatrecht befaßt, Clausewitz, der auf die moralischen und intellektuellen Fähigkeiten als Voraussetzung für ein Heer hinweist, das der von Napoleon eingeführten beweglichen Kampfesführung gewachsen sein will, Savigny, der an der entklitterten Darstellung des römischen Rechts arbeitet, Karl Friedrich Zelter und Friedrich August von Stägemann, die von der Pflichttreue gegenüber Preußen bewegt sind, Johann Gottlieb Fichte, der die Nation als den Wirkungsbereich der individuellen Freiheit erkannt hat, Heinrich von Kleist, den die Sehnsucht nach dem reinen, gerechten, unbedingten Menschen umtreibt, finden sich im Gespräch. Die bei aller Leidenschaft gewahrte intellektuelle Distanz zu ihrem Ziel ist erstaunlich. So ist es eine Pflichtaufgabe bei den Sitzungen, jeweils ein kriegerisches oder politisches Ereignis in epischer oder balladesker Form vorzustellen und hernach in ironischer oder komischer Brechung wiederzugeben. Die Bereitschaft, nächstliegende Erfahrungen formal so durchzuspielen, daß ein Umkippen in Fanatismus ausgeschlossen ist, kennzeichnet das Niveau dieser „christlich-deutschen Tischgesellschaft". Die Hoffnung, aus dem Widerstand gegen den Eroberer als geeinte Nation hervorzugehen, ist jung und entwicklungsfähig und hat über Zollverein und Paulskirche bis zur Reichsgründung die Geschichte des neunzehnten Jahrhunderts geprägt.

So ist im gesellschaftlichen Leben Berlins in den kommenden Jahrzehnten der nationale Impuls fortan nicht mehr wegzudenken, gerade weil er mit dem Einsatz der scharfen Reaktion 1819 erneut in Opposition – diesmal zur eignen Regierung – gerät. Der Buchhändler Georg Andreas Reimer, der in den Jahren 1807–13 die Patrioten Berlins um sich versammelt und Schleiermacher, Fichte, Kleist, Arndt und die Brüder Grimm verlegt hat, der sich in Vorbereitung für die Verwendung im preußischen Landsturm mit den Mitgliedern seiner „Lesenden Gesellschaft" regelmäßig im Charlottenburger Schützenhaus im Waffengebrauch geübt hat, wird nun im Sommer 1819 ebenso wie Schleiermacher unter Bewachung gestellt. Sein Haus wird durchsucht, seine persönlichen Papiere werden beschlagnahmt. Es ist die gleiche Szene, die Henriette Herz in Bonn im Hause Ernst Moritz Arndts miterlebt. Männer aus Reimers Kreis werden verhaftet, Schleiermacher wird bei seinen Predigten Jahre hindurch polizeilich beobachtet, der Theologe de Wette, der der Mutter des Kotzebue-Mörders Sand einen Trostbrief geschrieben hat, verliert seine Professur, die Führer der Burschenschaft, die 1818 auch in Berlin Fuß gefaßt hat, um die Ideen von 1813 unter den Studenten weiterzutragen, werden verhaftet, ebenso der Turnvater Jahn, der seinen graugekleideten Zöglingen sonnabends in der Hasenheide auf eine ziemlich robuste Weise die Gleichheit aller bei Geländespielen beigebracht und sich großer Beliebtheit unter der bürgerlichen Jugend erfreut hat. Dennoch wirkt die Hoffnung auf nationale Einigung verbunden mit dem Anspruch auf eine Volksvertretung weiter. Georg A. Reimers Haus in der Wilhelmstraße bleibt bis zu seinem Tod 1842 der Treffpunkt der Gleichgesinnten. Immer aber ist Reimer auch der Familienvater, er hat siebzehn Kinder, und seine Frau ist von Anfang an die Gastgeberin dieses Kreises.

Daß nach den Kriegen die Frauen wieder mehr in den

Hedwig von Olfers
1799–1891
Nach einer Pastellzeichnung von Wilhelm Hensel

(Historisches Porträt-Archiv, Berlin

Biedermeier-Wohnzimmer um 1820. Nach einem zeitgenössischen Aquarell

(Historisches Bildarchiv, Berneck)

Vordergrund treten und oft dem gesellschaftlichen Leben
Anregung geben, die sich aus der Stellung und Geltung ihrer
Ehegatten ergibt, scheint natürlich. Im Wien des Kongreß-
winters hat ja das Haus Fanny von Arnsteins, Tochter des
Berliner Bankiers Daniel Itzig, noch einmal den vollen
Glanz der Universalität entfaltet, die das ausgehende achtzehnte Jahrhundert belebt hat. Könige und Minister sind
bei der Bankiersgattin aus- und eingegangen, und der
schwermütige Charme von Henriette Pereira, der einzigen
Tochter Fannys, die Theodor Körner zugetan gewesen ist,
und die faszinierende Schönheit des Gastes aus Berlin, Marianne Saling, haben unter den Rhythmen des Wiener Wal-
zers ein letztes Mal die schon zweifelhafte Menschheits-
verbrüderung als eine Utopie aufleuchten lassen, die eben
dieser Kongreß zu Grabe getragen hat.

Nun, nach den Kriegen, nach den Karlsbader Beschlüssen,
unter dem Druck einer Wirtschaftskrise und im muffigen
Klima der Reaktion scheint das gesellschaftliche Leben Berlins reduziert und von der Erinnerung gespeist. Rahel spielt
als Friederike Varnhagen von Ense ihre Rolle zu Ende, die
alternde Sara Levy, eine andere Tochter des reichen Daniel
Itzig, weniger wohlhabend als ihre Schwestern Fanny von
Arnstein und Baronin von Eskeles in Wien, aber hochgebildet wie sie, empfängt noch immer in ihrem Haus in der
Cantianstraße. Sie hatte schon Mirabeau, der in Friedrichs II.
letztem Lebensjahr in Berlin weilte, zu Gast gehabt, sie hat
Frau von Staël bei sich gesehen und immer Kontakt zu den
Refugiés gepflegt. Die Episode, Bettina und Achim von
Arnim hätten sich in ihrem Haus verlobt, mag zutreffen
oder nicht – Bettina will den Friseur der alten Dame aufgefordert haben, den Anlaß durch ein besonders kunst-
volles Haargebäude der Gastgeberin zu feiern –, Sara Levy
bleibt bis in ihr hohes Alter eine angesehene Dame, die über
alle Erschütterungen der Zeit hin ihren eignen dezent liberalen Stil bewahrt. „Zu Mittag waren wir bei Madame

Levy –“, schreibt Wilhelmine Bardua 1846. „Das Haus ist auch ein Tempel der Vergangenheit. Das neue Museum wächst darüber hinaus; es schrumpft immer mehr zusammen, je gigantischer der neue Bau sich ringsum erhebt. Ebenso schrumpft seine Besitzerin zusammen; sie kam mir heute ganz klein und gealtert vor – was bei 85 Jahren kein Wunder ist. In ihrem Zimmer ist noch alles wie vor 25 Jahren, dieselbe altmodische Behäbigkeit wie damals. Von allen Wänden grüßt uns längst zerstäubte Vergangenheit: die Uhden, die Milder, der alte Friedländer! Der alte Kreis ist gelichtet – nur Mad. Saling ist noch da und die alte Chodowiecka mit ihrem Samthut von vor 30 Jahren! Henriette Herz kann auch nicht mehr kommen. Sie ist schon lange ans Zimmer gefesselt, aber ein warmer Sonnenstrahl ist ihr durch des Königs Gnade noch in ihr stilles Stübchen gefallen, um ihr die letzten kranken Tage zu erhellen: sie hatte knapp zu leben – nun gibt ihr der König jährlich 500 Thaler und hat diese unaufgeforderte Gunst mit einem schönen Handbillett begleitet.“

So alt geworden sind die Jüdinnen, die mit ihren Salons ungewollt das Gesellschaftsleben Berlins revolutioniert haben! Nun übernehmen die hohen Beamten die Pflege des gesellschaftlichen Lebens.

Stägemann, der als Organisator und hochbegabter Finanzmann bis zum Ende des Wiener Kongresses als engster Mitarbeiter Hardenbergs ein Reiseleben geführt hat, kann endlich wieder mit seiner Familie zusammenleben und lädt in seine Dienstwohnung im Hause der Königlichen Bank in der Jägerstraße und später am Dönhoffplatz. Hier treffen sich neben den Freunden aus Stägemanns politischer Laufbahn die jungen Leute, die zum Freundeskreis seiner heranwachsenden Kinder gehören. Seine Gattin Elisabeth, die unter den vielen Trennungen zwischen 1806 und 1816 sehr gelitten hat, genießt nun die Freude ihrer Kinder August und Hedwig. Selbst keine unbegabte Malerin und musikalisch vorgebildet, so daß sie im kleinen Kreis noch immer gern die Lieder singt, die Reichardt ihr gewidmet hat, ist ihr in der Unrast der Wanderjahre nichts wichtiger gewesen, als den Kindern eine fundierte Bildung zu geben. Die Anfangsgründe des Unterrichts hat sie für beide selber übernommen, später sind Hauslehrer hinzugezogen und Musik und Malerei gepflegt worden. Immer in der Nähe des Hofes, Spielkameraden der Prinzen und Prinzessinnen in Königsberg, hat sich die Pflege der Etikette von selbst ergeben. Die Ungezwungenheit, die die jungen Leute trotz mancher Härte ihrer Kinderjahre und trotz der frühen Übung im gesellschaftlichen Umgang bewahrt haben, spiegelt eine Szene im Stägemannschen „Nebenzimmer", in dem sich die Jugend mit Spielen, Vorlesungen und Dichterwettbewerben die Zeit zu vertreiben pflegt. Eines Abends wird ein Liederspiel verabredet. Jeder soll ein Gedicht mitbringen, die Rollen sind verteilt. Hedwig von Stägemann ist die schöne Müllerin, der junge Dichter Wilhelm Müller der Müller, der junge Maler Wilhelm Hensel der Jäger, seine Schwester Luise der Gärtnerknabe. Die Verse sprudeln, Huldigungen an die jungen Mädchen, an die Natur. Arnims und Brentanos Volksliedersammlung „Des Knaben Wunderhorn" hat die Zungen gelöst. Ein älterer Freund des Hauses, der Komponist Ludwig Berger, findet Spaß an den Versen und komponiert sie. Er regt Wilhelm Müller an, einen ganzen Zyklus von Müllerliedern für ihn zu schreiben. Franz Schubert bekommt die Texte zu Gesicht. In seiner Vertonung leben diese Lieder voller Heiterkeit und Schwermut und spielerischer Leichtigkeit bis heute, die in einem zeitlosen Augenblick jugendlicher Unbeschwertheit entstanden sind.

Hedwig von Stägemanns Briefe und Tagebücher sind bis zu ihrer Heirat mit Ignaz von Olfers ähnlich gestimmt. Hoffeste, Bälle, die kleinen Liebschaften eines jungen Mädchens füllen die Seiten. Als begeisterte Tänzerin versäumt sie kaum eine Einladung. Dann folgt sie dem Mann zuerst nach Neapel, später nach Bern. Während er eine Mission in Brasilien hat, kehrt sie ins Elternhaus zurück. Kinder wachsen heran. Olfers wird Generaldirektor der Königlichen Museen. Ein Lebenslauf wie viele, behütet, umsorgt, immer Dame der Gesellschaft, die sich niemals selber in Frage stellt, die niemals die paar hundert Meter von ihrer Wohnung bis zum Elendsviertel vorm Oranienburger Tor geht; immer zu nah am Hof sieht sie in der Revolution von 1848 nur das Aufbegehren von Untermenschen, das ihr völlig unverständlich bleibt. Und dennoch reift sie wie jede Frau durch Sorge und Krankheit und Tod in der Familie zu einer Gebenden heran; ein Lebenslauf, der beispielhaft ist für die Dame der Gesellschaft des neunzehnten Jahrhunderts.

Schon als junge Frau hat Hedwig in einem Brief an ihren Gatten sich selbst und ihre Situation treffend gekennzeichnet. Olfers hat ein wenig geringschätzig von der Neigung gebildeter Damen „wichtige, ins innerste Leben greifende Fragen beim Teetisch abzuhandeln" geschrieben. Sie antwortet: „Der Grund liegt wohl darin, daß wir, die wir unsre ganze Weisheit weniger aus Büchern als aus dem Umgang mit Menschen herholen, jede Gelegenheit benutzen, um jene Aufschlüsse zu bekommen, welche Männer in ernsten Studien, im Nachdenken und durch die Wissenschaften gewinnen. Freilich tut uns das nicht not, allein Belehrung und Mitteilung ist ein großer Genuß. Wir nähen den Tag über, besorgen das Haus, warten die Kinder, tritt dann eine Stunde der Muße und geselligen Vergnügens ein, so nimmt der Geist sein Spielwerk vor – ein Spielwerk ist es nur, das gebe ich Dir zu." Die Selbsteinschätzung und -bescheidung ist die der Dame, die vor der Extravaganz wenn auch nicht ausweicht, doch zurückschreckt, die Rahel darzustellen versucht hat und die Bettina für sich in Anspruch nimmt, wenn sie mit Hängelocken und Brille und geringer Sorgfalt in der Kleidung auftritt.

Daß in den Teegesprächen der Damen die Begrenzung gefühlt wird, die der Frau auferlegt ist, bezeugt eine Äußerung Amalie von Helwigs, die als ehemalige Hofdame der Herzogin Anna Amalia um 1815 aus Weimar nach Berlin gekommen ist und einen Salon eröffnet hat, den sie, die sich für eine Dichterin gehalten, zweifellos beherrscht hat: Es müsse jedem ehrlichen Mädchen erlaubt sein, zwei Kinder zu haben und deswegen noch keinen Mann, dann wären die guten Seelen in Ruhe und die unglücklichen Verhältnisse weniger. Begrenzung, in die man einwilligt. Bescheidung, die man annimmt. Die Damen dieser Salons fühlen sich immer zuerst als Hausherrin, als Gattin. Die Konflikte der Rahel sind ihnen fremd, die Konflikte Bettinas, die sich hinter der langjährigen Trennung von Achim von Arnim verbergen, nicht nachzuvollziehen. Der Anspruch auf Persönlichkeit ist in ihnen nicht so ausgeprägt, als daß er sie beunruhigt. Von ihnen geht eher Güte aus als Faszination.

So ist wohl die Stimmung des Olfersschen Salons getroffen, der auf Wunsch Friedrich Wilhelms IV. in den vierziger Jahren Treffpunkt für Künstler, Gelehrte und Fremde ist. Der gelbe Saal, im Zuschnitt ein Berliner Zimmer von außergewöhnlicher Größe in der Wohnung in der Cantianstraße, wird berühmt. Holtei liest Shakespeare vor, der Adel, die Minister unterhalten sich gedämpft, Bildmappen liegen zur Besichtigung aus, in Kronleuchtern und Ampeln verbrennt ätherisches Öl und spendet Aroma und mildes Licht. Gipsabgüsse von Antiken und großblumige Gardinen schaffen die Spannung zwischen Gemütlichkeit und Würde, die unserm Bild vom Biedermeier so völlig entspricht, wenn wir auch vergessen, daß diese aufgeschlossene, manchmal banale, selten erhitzte, immer formvollendete Geselligkeit ihre Aufgabe, das Weitergeben von Bildung und Erfahrung, mit sehr viel Grazie und Liebe erfüllt hat.

Die Grenzen zeigen sich 1848. Die Gegensätze des Jahrhunderts sind zu stark. „Auf der Brücke war eine Barrikade;

eine wütende Menge zwang die ganze Straße unter dem Geschrei: ‚Es lebe die Republik!‘ zu illuminieren, worauf eine ganze Salve von Soldaten antwortete. Von allen Seiten stiegen Feuer auf; die Glocken stürmten, und zu allem dem wüsten Treiben der Menschen die himmlische Frühlingsnacht mit dem klaren Sternhimmel, dem stillen Mond und einem Glockenspiel, das ernst und feierlich, ungehört, in gewohnter Weise ‚Üb immer Treu und Redlichkeit!‘ dazwischen spielte; es war wirklich herzzerreißend . . . Durch Revolutionen kommt gewöhnlich die Minorität frecher Egoisten an das Regiment, und die andern fürchten sich und schweigen still dazu.‘ So sieht eine Dame, die als Tochter eines hohen Beamten und als Gattin eines hohen Beamten, als Mutter gesunder Kinder und Mittelpunkt gepflegter Geselligkeit nichts *mehr* als das Chaos fürchtet, das der Zusammenbruch der bestehenden Ordnung mit sich bringt, die allzulange aufgeschobene politische Krise an.

Die Gespräche am Teetisch, zum Selbstzweck geworden, sind notwendig konservativ. „Es sind nicht bloß die politischen Gespräche, die mir zuwider sind, auch über andere Gegenstände faseln die Leute mehr, als sie sprechen, und am liebsten bleiben sie bei den geringen Armseligkeiten ihres geringen Lebens stehen und weisen alles Höhere ab“, schreibt Varnhagen über den Salon, den Fräulein von Solmar in der Charlottenstraße hält, während Heinrich Laube in seinen Erinnerungen an das Jahr 1848 ganz erschüttert darüber ist, daß Varnhagen ein so „toller Republikaner“ sei, daß niemand von seinen alten Bekannten noch mit ihm umgehen könnte.

Aber die Kreuzzeitung besänftigt die Erregung: Ein Freiherr von Redwitz schreibt ein pathetisches Versepos „Amaranth“, das ein großer Erfolg wird und, in Barbarossas Zeiten entrückt, die Absage an Aufruhr und Freigeisterei ausspricht. Natürlich wird „Amaranth“ im Olferschen Salon gelesen. „Die Tragödie nun hat uns gefallen, weil ein so kindliches, begeistertes Gemüt daraus spricht, daß man die Liebe für den Verfasser auf das Stück übertragen muß."

Sehr viel später gehört Ernst von Wildenbruch zu den engsten Freunden der alternden Hedwig von Olfers. Halbblind schreibt die Greisin über das „Heilige Lachen" 1891: „Dieser Kampf des Idealismus mit dem Trivialen bietet der Poesie noch ein weites Feld, und die Dichter haben schlimmere und zahlreichere Gegner als Don Quichotte." Erschütterungen und Umschichtungen des neunzehnten Jahrhunderts, das ihr Leben fast umspannt, bleiben Hedwig von Olfers fremd, ja fast unheimlich. Selbst ein gefestigter Charakter und immer der bevorzugten Gesellschaftsschicht zugehörig, sieht sie in der Familie den Hort der Moral. Sie erzieht ihre Kinder nicht ohne Strenge. Kennzeichnend ist ihr Entschluß, ein völlig verelendetes Dorfkind aufzunehmen, das sie ihren Bekannten gegenüber heftig verteidigt, die aus der Herkunft des Kindes seine Minderwertigkeit prophezeien, ein Hochmut, den Hedwig von Olfers ablehnen muß. „Die Wahrheit ist, daß des natures d'élite überhaupt nicht häufig sein können." Annerle wird zum Liebling der Familie, und Hedwig läßt der hochmusikalischen eine erstrangige Ausbildung zuteil werden. Der frühe Tod des Mädchens erschüttert sie. Sie hat sich aber in ihrem langen Leben mit seinen vielen Verlusten zu einer Demut im Ertragen durchgerungen, die sich in einer unaufdringlichen Frömmigkeit niederschlägt.

Hedwig von Olfers prägt den Stil der Gattin des hohen Beamten. Selber nicht aus alter Adelsfamilie, formt sie sich dennoch nach dem Bild der Dame des feudalistischen Zeitalters. Das unentschiedene Jahrhundert, das sie durchlebt, nimmt dieses Bild dankbar auf und wiederholt es im Beamtenbürgertum und im neu entstehenden Industriebürgertum zum Ende des Jahrhunderts. Der Salon, mit Mahagonimöbeln und Spiegeln und Nippes und andern Zutaten Makartscher Wohnkultur gehört bis 1914, nein bis zur Inflation zur Wohnung des mittleren Angestellten oder Beamten, wenn auch das Dienstmädchen nur in einer meterbreiten Kammer zwischen Speisekammer und Hängeboden eingeklemmt haust und der Stil der Geselligkeit kaum über den Abklatsch hinausgelangt. Mitten im neunzehnten Jahrhundert aber, getragen von der derzeit herrschenden Schicht, hat er das Ideal der Familie geformt, in der die Frau an der Seite ihres Gatten an geistigem Einfluß soviel gewonnen hat, daß von einer Gleichberechtigung schon gesprochen werden darf.

Der Wunsch nach Gleichberechtigung drückt sich, wenn auch charmant ironisch, in einer Damengesellschaft aus, die sich „der Kaffeter" nennt und um die Schwestern Bardua aus Ballenstedt, die seit 1819 in Berlin ansässig sind, gruppiert. Caroline und Wilhelmine Bardua sind ledig. Caroline eine derzeit beliebte Porträtistin, hat sich, seitdem sie ihre Lehrjahre abgeschlossen, nicht mehr von der fünfzehn Jahre jüngeren Schwester getrennt, die ihr den Haushalt führt, sie auf ihren Reisen begleitet und in lebendigen Tagebuchschilderungen das Leben der zwei Fräulein aufbewahrt. Als junges Mädchen hat Wilhelmine sehr unter der wirtschaftlichen Abhängigkeit von der Schwester und dem Mangel an eigner Ausbildung gelitten. Der Vater ist ein Unterbeamter am Hof von Ballenstedt gewesen und hat nur mit zähester Einschränkung die Ausbildung der beiden älteren Kinder ermöglichen können, das Studium des jüngsten Bruders hat Caroline nach dem Tod des Vaters von ihren Porträteinkünften bestritten, Wilhelmine jedoch hat zeitlebens auf die Ausbildung ihrer schönen Stimme verzichtet und sich aufs Dilettieren bescheiden müssen. Erst der „Kaffeter", zu dem vornehmlich junge Mädchen gehören, hat der Alternden mütterliche Befriedigung geschenkt.

Begründet wird der heitere Verein von den drei Töchtern Bettina von Arnims, den Schwestern Bardua, Ottilie von Gräfe, der Tochter des bekannten Chirurgen, und Marie von Lichtenstein, der Tochter des Zoologen und Gründers des Berliner Zoologischen Gartens. Bald stoßen Hedwig von Olfers' drei Töchter hinzu, Valeska von Grabow, Pauline und Anna von Wolzogen, die Nichte der Barduas, Luise, Herders Enkelin Amalie, Fernanda von Pappenheim, Elisabeth Gräfin von Königsmarck und andere. Als Mitglieder des Vereins nennen sie sich Kaffeologen, und eine jede von ihnen nimmt einen maskulinen Decknamen an, bis auf Maxe von Arnim, die als „Präsident Maiblümchen" die Sitzungen leitet. Wilhelmine Bardua hat das Protokoll zu führen und die Kaffeterzeitung zu redigieren und unterzieht sich dieser Aufgaben mit viel Humor. Die Kaffeologen haben Beiträge für die Zeitung zu liefern, die auf den Sitzungen vorgelesen und kritisiert werden, Zeichnungen werden herumgereicht, Kompositionen vorgespielt. Die Sitzungen beginnen mit Kaffee und Kuchen. Hospitanten sind zugelassen, meist die Mütter, später auch Herren. Mit Erhöhung des Eintrittspreises für die Gäste von zweieinhalb auf vier Silbergroschen versteigt sich der Luxus bis zum Speiseeis. Jedes Mädchen trägt während der Sitzungen einen spitzen Hut aus kaffeebraunem Glanzpapier, der mit einem rosa Schleier versehen ist, um das Erröten zu verbergen, das sich beim Vorlesen und Kritisiertwerden etwa einstellt. Präsident Maiblümchens Hut ist aus weißem Stoff, ein hölzernes band- und blütengeschmücktes Szepter dient ihr zur Eröffnung der Sitzung. Danach folgt die Verlesung des Protokolls, das im komischheiteren Kurialstil abgefaßt ist. Schließlich werden die Beiträge vorgestellt.

Jedes Mitglied hat zwei Instrumente, um Mißfallen und Beifall auszudrücken: eine Kinderknarre und eine Kindertrompete. Goldene und silberne Kaffeekannenorden werden verliehen, und für die Herren, die nach langen Diskussionen auch als Mitwirkende aufgenommen worden sind, wie Hermann Grimm, Emanuel Geibel und Gebhard von Alvensleben, gibt es den Orden des silbernen Kaffeelöffels. Die

Kaffetermütter oder „Patronessen" laden wohl auch zu sich ein. Am 14. März 1848 findet die letzte Sitzung dieser lustigen Vereinigung statt. Ein harmloser Spaß, gewiß, diese erste musische Damenvereinigung! Und von allen Beteiligten auch kaum anders als ein Gesellschaftsspiel aufgefaßt, das die jungen Mädchen aber angespornt hat, ihre Phantasie zu entfalten. Armgard und Gisela von Arnim sind recht hübsche Märchen gelungen – nicht umsonst haben „die Kaffeter" Hans Christian Andersen die Ehrenmitgliedschaft angetragen –, auch die Mütter und die Herren haben beisteuern dürfen. So hat Hermann Grimm Novellen und Märchen und spritzige Zeichnungen für die Kaffeterzeitung geliefert und Emanuel Geibel Gedichte.

Die Würde der Bildung wird in dieser jüngeren Generation durch die Form der Veranstaltung ironisch reflektiert, wenn auch – viele Beiträge beweisen das – Sentimentalität und Banalität durchaus nicht immer klar erkannt werden und kaum einer der Texte ein erregender Wurf genannt werden muß. Die spielerische Finesse des Vereinsrituals zeigt immerhin, daß die jungen Mädchen der Gesellschaft geistig so selbständig sind, sich nicht völlig ernst zu nehmen, daß aber ihre Fähigkeiten noch in durchaus epigonale Leistungen münden. Sie pflegen die Kunst zur Unterhaltung, zur Verschönerung des Lebens, darin ganz Kinder des Biedermeier. Ein Gedicht von Maxe von Arnim auf die Barduas sei hier angeführt:
Heimat in der Französischen Straße 28.

Kleines Haus, in deinen engen Räumen
Find ich immer meine Seligkeit,
Find ich wieder, was in stillen Träumen,
Ich ersehnt in langer Trennungszeit.

Ist's auch eine steile, schmale Treppe,
Doch das Hündchen gar so freundlich bellt!
's öffnet sich das Pförtchen und ich trete
In die liebe, kleine Zauberwelt.

Heimat ruft mir alles hier entgegen,
Heimat atmet jedes Plätzchen hier,
Jede Blume spricht von Heimatsegen,
Und es wird ums Herz so heimlich mir.

Wie die beiden einz'gen Schwesterseelen
Mich verwöhnen und mich ganz verstehen!
Meine trüben Launen darf ich zeigen –
W i e ich bin, so bin ich gern gesehn.

Die Verse charakterisieren die Sehnsucht dieser Jugend:
die Idylle! den Wunsch, sich zu Hause zu fühlen. Sie verraten mehr von der Stimmung des Biedermeier, als sie aussprechen, denn die Hohlheit des gesellschaftlichen Lebens
wird durchaus schon wahrgenommen. In Mine Barduas
Tagebuch findet sich eine Notiz aus Anlaß der schweren Er-
krankung der Prinzessin Wilhelm: „Wenn man aber die
Menschen aus der Gesellschaft fragt, dann heißt's kurzweg:
‚Es geht besser.‘ ‚Es geht besser‘, sagen sie ganz beruhigt und
denken nichts als: Heute bei Pourtalès, morgen bei Prinz
Carl, übermorgen bei Westmoreland – es wäre doch schade,
wenn etwas den Fluß der Karnevalsfeste unterbräche! Die
Prinzeß war geliebt und hochgehalten – nun, da sie im Sterben liegt, ist sie schon vergessen. – Ein schauerliches Institut:
die große Welt!" Das Unbehagen ist deutlich.

Hinter der Heiterkeit des Kaffeter sind die Risse in der
Fassade des Biedermeier spürbar. Gewiß, Caroline Bardua,
im Leben völlig selbständig, malt neben den Porträtauf-
trägen als Epigonin der Nazarener süßliche Madonnen und
Heilige und ist erschrocken, wenn Bettina das kirchliche Leben angreift: „Aber Frau von Arnim, wenn wir keine feste
Religion mehr haben, ist doch unser ganzes Leben nichts!"
Darauf Bettina: „Ich weiß nicht, was Sie noch wolle. Sie
habe Ihr Minche, und's Minche hat ihr Carlinche – ich weiß
nicht, was Ihr noch extra für geschmorte Äppel wollt!" In
den Köpfen der Arnimtöchter rumort die Unruhe ihrer

Mutter. So lassen die Kaffetersitzungen und manche Zeichnungen Hermann Grimms jenes andere diabolisch geniale Lächeln E. T. A. Hoffmanns ahnen, das in den Nächten, die er mit Ludwig Devrient bei Lutter und Wegner durchzecht hat, aufgeflammt und erloschen ist und zum Biedermeier in Berlin mit seiner ruhigen preußischen Pflichterfüllung ebenso gehört wie die klargeschliffene Naturlyrik des Rates für das katholische Kirchen- und Schulwesen im Kultusministerium, Joseph Freiherr von Eichendorff.

Die Hinwendung in die familiäre Geborgenheit, um die Zeit der Müllerinnenlieder ein Aufatmen nach bösen Jahren, ist zur Geste des Sich-Abschirmens, des Bewahrens geworden.

Ein paar hundert Meter von der kleinen Bardua-Wohnung in der Französischen Straße 28 entfernt ist das Café Stehely am Gendarmenmarkt, wo sich Literaten, Künstler und Journalisten im Hinterzimmer treffen, um die ausländischen Zeitungen zu lesen, die die Nachrichten bringen, welche die drei zensierten Berliner Zeitungen verschweigen. Gutzkow nennt das Café den „Revolutionsherd der vormärzlichen Zeit". Hier findet sich die Opposition im Gespräch zusammen; die Mitarbeiter des „Kladderadatsch" sammeln Stoff für ihre bissige Zeitkritik, Theodor Hosemann, über den großen grünbespannten elliptischen Tisch unter der Gaslampe gebeugt, verspottet auf seinen Zeichnungen die „Große Welt". Die Kaffeemaschine summt, Zigarrenrauch umwölkt die Gesichter. Die Zeitungen bieten jeden Tag erregenden Stoff. Es gärt in Frankreich, und es gärt überall in Deutschland. Fürsten verschleißen ihre Würde, Mißernten steigern die Not.

Bei Stehely ist auch Fontane ständiger Gast. Mehr Zuschauer und Zuhörer als Teilnehmer am Gespräch, festigt sich hier seine Distanz zum offiziellen literarischen Betrieb in der Vereinigung „Der Tunnel über der Spree", der er ja als recht aktives Mitglied angehört. Die liebende Ironie, die das epische Werk seines Alters durchzieht, kräftigt sich an

dem Gegensatz zwischen der hochpolitischen Spannung bei
Stehely und jener Reserviertheit des „Tunnel", die schon in
den Satzungen festgelegt ist. 1827 von dem Humoristen
Saphir als literarischer Sonntagsverein gegründet, hat sich
der „Tunnel über der Spree" erst nach Saphirs Weggang von
Berlin 1830 als Verein mit Statuten, Vermögen und festen
Terminen formiert. Fontane ist 1843 durch Bernhard von
Lepel eingeführt und 1844 als Mitglied unter dem Beinamen
Lafontaine aufgenommen worden.

Nach dem Tod von E. T. A. Hoffmann, Chamisso und
Gaudy, die sich in der 1824 von Kriminalrat Hitzig gegründe-
ten „Mittwochsgesellschaft" zusammen gefunden haben,
die auch von Eichendorff und Alexis geschätzt worden ist,
hat der „Tunnel" in den vierziger Jahren repräsentative Bedeutung. Junge Offiziere, Adlige und Assessoren finden sich
hier mit Scherenberg, Wilhelm von Merkel, Moritz von
Strachwitz, Louis Schneider, Heinrich von der Mühlen unter
dem Vorsitz von Franz Kugler an jedem Sonntagnachmittag
zusammen. Das „Junge Deutschland" ist ausgeschlossen, ja
verpönt. Gegenwartsfragen literarisch zu behandeln, ist
unerwünscht, die preußische Vergangenheit gilt als politisch
maßgebend. Fontanes Mißbehagen wird vorerst aufgewogen
durch die Freundschaft Bernhard von Lepels und den Erfolg
seiner Preußenlieder und schottischen Balladen. Selbst in
seiner dichterischen Berufung noch unsicher, gibt ihm das
Bestehen vor der Kritik im „Tunnel" Selbstvertrauen. „Ich
bin jetzt von meinem Recht durchdrungen, ein Gedicht zu
machen."

Das Jahr 48 jedoch trennt ihn innerlich von den Tunnel-
brüdern. Er beginnt in Briefen und Zeitungsartikeln gegen
den prüden Konservativismus Front zu machen; ohne allerdings den „Tunnel" anders als mit der ihm eignen ironischen
Warmherzigkeit zu kritisieren, löst er sich aus der Gewöh-
nung der Sonntagssitzungen. Zynischer lehnt Gottfried Keller, der von 1850–55 in Berlin lebt, den „Tunnel" ab. Er ist

von Scherenberg eingeführt worden. Selbst noch unsicher und auf dem Wege zu sich selbst, kränkt ihn der Dilettantismus der dichtenden Beamten; er läßt, um Kritik befragt, ein abgründiges „uff" hören und wird daraufhin kühl übergangen. Dennoch hat der „Tunnel" für die vierziger und fünfziger Jahre die Aufgabe erfüllt, literarischer Treffpunkt zu sein. Theodor Storm hat dort „Immensee" zur Diskussion gestellt, Felix Dahn ist aus München zu Gast gewesen, Paul Heyse hat hier erste Anerkennung gefunden, Heinrich Smidt mit seinen Devrient-Novellen dem diabolischen Genie der Szene und Mitzecher E. T. A. Hoffmanns ein Denkmal gesetzt, Adolph Menzel, der Franz Kuglers „Geschichte Friedrichs des Großen" illustriert, hat als Beobachter mit dem Zeichenstift dabeigesessen.

Das Hervortreten von Vereinen zur Kunstpflege zeigt eine Auflockerung der gesellschaftlichen Bräuche. Der Salon, der persönlicher geprägt ist, existiert zwar noch, wenn er sich auch mehr und mehr dem Musikleben öffnet, das im Berlin des Biedermeier an Bedeutung gewinnt, nachdem Zelter mit seiner Singakademie dem Musikverständnis den Boden bereitet hat. Es sei hier nur an die Konzerte im Hause Abraham Mendelssohns in der Leipziger Straße erinnert, wo der junge Felix Mendelssohn-Bartholdy die Gäste begeistert hat, oder an die „Singtees" im Hause Nicolais in der Brüderstraße, die von seiner Enkelin Lili Parthey und ihrem Gatten, dem Tonsetzer Bernhard Klein, veranstaltet worden sind oder auch an die Soireen bei Herz Beer, Meyerbeers Vater. Die großen Solisten der Zeit wie Jenny Lind, Joseph Joachim, Franz Liszt, Clara Schumann werden, wie schon Henriette Sontag und Paganini in den zwanziger Jahren, in Berlin stürmisch gefeiert und geben dem häuslichen Musikleben starke Impulse. Das Klavier hält seinen Einzug in die Bürgerwohnungen.

Der literarische Salon erfüllt noch einmal in aller Entschlossenheit eine gesellschaftliche Aufgabe, als er sich der liberalen Tendenzen des Zeitalters annimmt. In Bettinas Wohnung „hinter den Zellten", wohin sie in den vierziger Jahren aus dem neuen Viertel in der Köthener Straße am südlichen Stadtrand gezogen ist, scheiden sich die Geister. Bettina vertritt leidenschaftlich die Partei der Unterdrückten. 1843 veröffentlicht sie „Dies Buch gehört dem König" (geschrieben 1841). Sie, die schon während der Choleraepidemie 1831 mutig in die Bezirke des Elends gegangen ist, um zu helfen, schildert hier offen die Zustände im „Vogtland".

Ganze Familien wohnen dort in einem Zimmer, es fehlt an Lagerstätten, neben Mietskasernen stehen Häuser, deren Fenster kaum über den Boden reichen. Die Bevölkerung ist unruhig, Überfälle sind nicht selten. Berlin, so bestätigt eine Chronik, zählt derzeit „10 000 prostituierte Frauenzimmer, 12 000 Verbrecher, 12 000 laitierende Personen, 18 000 Dienstmädchen, 20 000 Weber (die bei ihrer Arbeit sämtlich ihr Auskommen nicht finden), 6000 Almosenempfänger, 6000 arme Kranke, 3–4000 Bettler, 2000 Bewohner der Arbeitshäuser, 700 Bewohner der Stadtvogtei, 2000 uneheliche Kinder, 2000 Pflegekinder, 1500 Waisenkinder", das ist fast der vierte Teil der Einwohner der ganzen Hauptstadt.

Bettina geht, von der Not der vielen ergriffen, in die Opposition. Sie selber liest nie eine Zeitung – die drei zugelassenen Zeitungen unterstehen ja der Zensur –, sie handelt aus dem Impuls des Mitleids. Sie sieht ihr Vertrauen in Friedrich Wilhelm IV. getäuscht; ist er noch in der Thronrede vor den huldigenden Ständen als ein Neuerer aufgetreten, so hat schon das erste Regierungsjahr die Unglaubwürdigkeit seiner Worte erwiesen. Unermüdlich schreibt Bettina ihre kritischen Briefe an den König, die er von Jahr zu Jahr lauer beantwortet oder auch mit Schweigen übergeht. Bettinas Haltung ist Aufbegehren. Bewußt mißachtet sie die preußischen Zensurgesetze und gerät in Konflikt mit dem Gesetz, um – wir würden heute sagen in Musterprozessen – das Recht auf

Zensurfreiheit durchzufechten. Sie verkehrt mit Männern wie Bruno Bauer, der als der geistige Mittelpunkt der „Gesellschaft der Freien" angesehen werden muß, welcher auch Max Stirner angehört, der durch die Schrift „Der Einzige und sein Eigentum" den Sozialismus mitvorbereitet. Adolf Stahr, der Gatte Fanny Lewalds, wird Bettinas Mitstreiter. Sie setzt sich aber auch für die ein, die mit dem Staatsapparat in Konflikt geraten, so für den Königsattentäter Tschech, für den polnischen Revolutionär Mieroslawski, für den einzutreten sogar die französische Schriftstellerin und Freundin Chopins George Sand abgelehnt hat. Die Schwester Mieroslawskis hat den in Berlin Inhaftierten besuchen wollen und sich auf Anraten Hortense Cornus, der französischen Übersetzerin Bettinas, an sie gewandt. Der Mißerfolg ihres Antrags entmutigt Bettina nicht, immer wieder den Bitten um Fürsprache nachzugeben. So tritt sie für den schlesischen Fabrikbesitzer Friedrich Wilhelm Schlöffel ein, der mit Hinweis auf die Notstände in Schlesien in Schriften und Vorträgen für die Städteordnung und gegen den Pauperismus Widerhall gefunden hat, von einem Tischler als Kommunist denunziert im Blechzimmergefängnis in der Hausvogtei inhaftiert worden ist.

Mag sein, daß Bettina ihren Einfluß auf den König überschätzt, schließlich hat er auf ihr Anraten die Brüder Grimm an die Berliner Universität berufen und mit Dahlmann, der auch zu den Göttinger Sieben gehört hat, verhandelt; mag sein, daß sie bewußt zum offnen Widerspruch übergeht, um eben die Möglichkeit der Opposition zu demonstrieren, sie greift ja in keinem der Fälle aktiv in die Verhandlungen ein und ist zuweilen kaum genau informiert. Die höfische Gesellschaft Berlins nimmt ihr die Absage an die bestehenden Zustände übel; für alle Unzufriedenen und Neuerer aber ist ihre Haltung ermutigend.

Immer hat sie ein offenes Ohr, ob nun Bakunin sie besucht oder Johanna Kinkel, die einstige Musiklehrerin der

Revolution von 1848
Große Barrikade vor dem köllnischen Rathaus in Berlin
am 18./19. März 1848.
Nach einer Zeichnung von J. Kirchhoff

(Historisches Porträt-Archiv, Berlin)

Bettina von Arnim (Altersbild)
1785–1859
Nach einem Pastell von Karl Johann Arnold

Arnimschen Kinder, sie um Beistand für ihren Mann Gottlieb Kinkel bittet, der in Rastatt vor ein Kriegsgericht gestellt werden soll. Als Leiter der demokratischen Partei hat
Kinkel im Oktober 1848 gegen die oktroyierte Verfassung
gesprochen, hat sich im Frühjahr 49 in der Debatte über die
Thronrede gegen das Preußische Heer geäußert und Berlin
nach Auflösung der Zweiten Kammer im April verlassen.
Am verunglückten Zug gegen das Zeughaus in Siegburg be-
teiligt, hat er sich der provisorischen Regierung der Pfalz
zur Verfügung gestellt, als Feldjäger am Revolutionskrieg
teilgenommen und ist verwundet in preußische Gefangen-
schaft geraten. Seine Haltung begeistert Bettina, die über die
reaktionäre Politik Friedrich Wilhelms IV. nach der Märzrevolution verbittert ist. Aber der König weicht ihrem
Ersuchen um Begnadigung des Gefangenen aus, gibt ihrer
Tochter Gisela bei einer Audienz vage Auskünfte und erklärt schließlich, den Fall Kinkel seinen Generalen überlassen
zu haben. Zu lebenslänglicher Festungshaft verurteilt, kann
Kinkel 1850 mit Karl Schurz' Hilfe aus Spandau entkommen.
Bettinas Mut ist den jungen Leuten Ansporn. Meist sind
es die Freunde ihrer Söhne, die sich bei ihr einfinden. Fried-
mund von Arnim zeigt sich in einer an sich unbedeutenden
Schrift in völliger Übereinstimmung mit der Mutter, wenn
er „die unbedingte, naturgemäße Entwicklung und Selbst-
bestimmung der Menschen" fordert. Gisela, die Jüngste, in
ihrem genialischen Wesen der Mutter am nächsten, ginge für
sie durchs Feuer. Wir sehen sie mit den Augen Wilhelmine
Barduas in ihrer schwarzweißkarierten Jacke, Zigarre rau-
chend und mit ungebändigtem Haar, die Tischzeiten miß-
achtend, launisch und oft hochmütig kühl, ein verwöhntes
Nesthäkchen, für das Bettina alle Geduld aufbringt, weil sie
die gleiche Unbedingtheit spürt, die ihr eigen ist. Die älteren
Töchter Maxe und Armgard bleiben zurückhaltend. Ihnen
ist die politische Haltung der Mutter ebenso peinlich wie ihr
Aufzug zu Hause. Bettina bevorzugt einen langen Überrock,

dessen Säume nicht immer in Ordnung sind, und es macht ihr nichts aus, daß auf pechschwarz gefärbtem Haar ein grauer Knoten sitzt. Oft von Schwermut heimgesucht, bedeutet das Aufbegehren für Bettina weit mehr als die bloße Freude am exzentrischen Gebaren, wie es die Töchter und Schwester und Schwager von Savigny zuweilen ärgerlich stimmt. Auf dem Hintergrund des Verzagens wird ihr liebenswürdiges, oft aber auch sarkastisch schroffes Wesen zum Ausdruck eines hochempfindlichen Gerechtigkeitsgefühls. Dennoch ist Bettina großherzig genug, ihre Töchter Maxe und Armgard, die ihren Namen als gesellschaftliche Verpflichtung auffassen und eher von der verschlossenen Art ihres Vaters sind, den eignen Freundeskreis pflegen zu lassen. Frau von Savigny stellt die Nichten dem König vor, Bettina hält sich von allen Hoffesten zurück und begegnet erst 1845 dem König, mit dem sie seit Jahren Briefe wechselt. So treffen, wie einst im Hause Herz, in der Wohnung „hinter den Zellten" zwei Welten in zwei nebeneinanderliegenden Zimmern aufeinander, die sich in nachsichtiger Liebe zugetan sind. Maxe spricht ein wenig bekümmert von der genialischen Unordnung, die ihre Mutter liebt, Bettina nimmt an den Jugendsorgen und Freuden ihrer Töchter teil und läßt ihnen in der Partnerwahl völlige Freiheit.

Im Frühjahr 48 hat sie von ihren Fenstern auf die Rednertribünen in der Mitte des „Zirkels", jenes Konzertplatzes in dem Vergnügungsviertel vor dem Brandenburger Tor heruntergesehen, um die sich Tausende von Zuhörern zwischen Buden und Zelten gesammelt haben. Der Groll, den der Hungerwinter nach den Mißernten von 1847 gesteigert hat, lockt nicht nur die Bürger, die in Droschken und wohl mehr aus Neugier gekommen sind, um bei Bier und Kaffee von fern an dem Getümmel teilzuhaben, er ruft vor allem die Armen und Unzufriedenen aus den Vorstädten auf den Platz. Ausrufer verkünden die Revolution in Paris, in Wien, die Flucht Metternichs, die Stimmung steigert sich zum Fieber. Polizeipräsident Minotuli erscheint am 13. März abends persönlich „In den Zellten" und läßt Militär anfordern. Infanteriebataillone gehen in Stellung, Ulanen rücken vom Brandenburger Tor her an, es kommt zu den ersten Zusammenstößen.

Was mag in Bettina vorgegangen sein, als fünf Tage später „die Glocken stürmten", wie es in mehreren zeitgenössischen Berichten heißt? Sie hat in diesen Tagen geschwiegen, aber es ist kein Zweifel, was sie erhofft hat.

Als Maxe und Armgard längst Gräfinnen sind und Bettina, müde geworden, sich nur noch mit ihrem Goethedenkmal beschäftigt, das wie sie hofft, den Deutschen Selbstbewußtsein in der Erinnerung an einen ihrer Großen geben soll, wachsen jenseits der Spree die Fabrikhallen der Borsigschen Lokomotivfabrik auf. Das Zeitalter, das sich in den Krisen angekündigt hat, bricht durch. Bei dem alten Freund Varnhagen trifft sie Ferdinand Lassalle, „nun einmal so ein ausgeprägter Sohn der neuen Zeit, der nichts von Entsagung und Bescheidenheit wissen will. Dieses neue Geschlecht will genießen und sich geltend machen – harte Gladiatoren, die so stolz dem Kampftod entgegengehen." So hat Heinrich Heine den jungen Lasalle an Varnhagen empfohlen. Auch Gutzkow, Laube und Gottfried Keller verkehren neben den alten Freunden Fürst Pückler und General von Pfuel bei Varnhagen. Und noch immer nimmt der greise Alexander von Humboldt Anteil an ihren Gedanken. Der Typ des politischen Schriftstellers hat sich ausgeprägt, der freie Liebe fordert und die Frömmigkeit der Gesellschaft, die sich in Wohlfahrt erschöpft, ablehnt. Bettina mag hier vor den Reden der Jüngeren manchmal erschrocken sein, ihre utopischen Vorstellungen wagen sich noch nicht von der Idee der Monarchie zu lösen, aber sie, die schon immer mit ihren Schriftstellersorgen zu Varnhagen gekommen ist und ihrer Empörung gegen die Zensurgesetze ebenso Luft gemacht hat wie ihrer Freude über einen freundlichen Brief Friedrich

Wilhelms IV., ist auch in ihren letzten Jahren den Weg zu Varnhagens Wohnung Französische Ecke Mauerstraße recht gern gegangen.

Zu den Buchhändlerfamilien, die das literarische Leben Berlins mitgestaltet haben, wie Nicolai mit seinem Lesekreis, Reimer mit seiner „Lesenden Gesellschaft", aber auch Sander, dessen literarischen Zirkel man der Eitelkeit seiner Frau zugeschrieben hat, gesellen sich in den Jahren vor und nach der Reichsgründung die Dunckers. Alexander Duncker hat den väterlichen Verlag übernommen, Franz die politische Laufbahn eingeschlagen. Beide Brüder sind liberal gesinnt. Die Gründung des Berliner Handwerkervereins 1865, der ersten Gewerkschaft und mit Max Hirsch zusammen die Gründung der Hirsch-Dunckerschen Gewerkvereine, kennzeichnen Franz Dunckers Haltung, für die er das väterliche Vermögen entschlossen einsetzt. In seinem Hause trifft sich das liberale Berlin noch einmal in einem Salon. Es geht „fürstlich" zu, wie Gottfried Keller berichtet. Berlin ist Großstadt geworden und im Begriff, Hauptstadt zu werden, aber die Gespräche kreisen um Volksbildung, um Möglichkeiten der geistigen Aktivierung der Handwerker- und Arbeiterbevölkerung.

Drei Generationen vorher hat der literarische Salon vermocht, die strenge Gliederung der Gesellschaft der Königstadt in Frage zu stellen und Adel und Bürgertum durch die Vermittlung der gesellschaftlich unvorbelasteten jüdischen Minderheit einander näherzubringen, er ist nicht ohne Einfluß auf das bürgerliche Selbstbewußtsein geblieben; er hat die geistigen Strömungen aufgenommen und weitergeleitet und den modernen Gesellschaftsstil der flüchtigen Begegnungen entwickelt; und er hat an der Vergroßstädterung Berlins, das heißt an der vielseitigen Aufgeschlossenheit, mitgewirkt, ehe er ans Ende seiner Wirksamkeit gelangt ist. Es gibt nun literarische Salons der verschiedenen Richtungen. Der Adel steht der Hoftheaterkultur nahe, die Dunckers und Fanny Lewald pflegen die liberalen Tendenzen, das Ehepaar Kugler repräsentiert die preußisch-konservative Richtung, wie sie im „Tunnel" gültig ist.

Der nach der Reichsgründung rasch anwachsende Kleinbürger- und Arbeiterstand hat noch kein Forum in der Gesellschaft. Mit Schlaf, Holz und dem jungen Hauptmann und nicht zuletzt mit Otto Brahm wird der literarische Salon zum Anachronismus, nachdem er mehr als fünfundsiebzig Jahre das geistige Profil Berlins mitgeformt hat. Die Frau hat in diesen Jahrzehnten ihren Platz im geistigen Leben gefunden, der ihr vorher nur durch Geburt zugestanden hat. In Rahel, dem Genie des Salons, hat sie sich in ihrem geistigen Anderssein erstmalig begriffen. Der Anspruch auf Partnerschaft ist erwacht und tastet die Stabilität der Ehe an. „Wenn ich doch nur ein einziges glückliches, zufriedenes Paar zu sehen bekäme", seufzt Malla Silverstolpe 1825, „friedliches Behagen wird man bei dieser Generation vergeblich suchen". Und Immermann stellt gut zehn Jahre später fest: „Es fehlt der deutschen Familie an dem früheren durchgehenden Genügen in sich selbst. Der Frau ist das Haus zu leer und zu kalt geworden." Frau Gerlach beschwert sich 1842, daß die Frauen von den geselligen Gesprächen ausgeschlossen sind, sobald die Männer die Politik bevorzugen. Der Anspruch auf Partnerschaft stößt selbstverständlich auf Widerspruch; denn die Bildung der Frau macht in den Jahrzehnten ihrer Wirksamkeit im Salon kaum Fortschritte. Sie bleibt zufällig und eher Liebhaberei. Rahels scharfe Prognose trifft durchaus: die Dame des Salons „stellt und verstellt" sich vor dem geistig überlegnen Mann, „als halte sie sich für einen liebenswürdigen wegen doch nun einmal unzufürchtender Schwäche zu duldenden Usurpator". Einzig solch Feuerkopf wie Bettina wirft die Gesetze, die der Salon herausgebildet hat, über den Haufen.

Aber die Unruhe ist ausgesät. Das Vorspiel der Frauenemanzipation hat in den Salons stattgefunden. Der Frau ist

das Haus, das noch hundert Jahre vorher ihr einziger Wirkungsbereich war, eng geworden. Ihre Intelligenz ist in
Bewegung geraten. Vergleicht man die Geselligkeit der Bie-
dermeierzeit in den mittleren Provinzstädten Preußens mit
der Berlins, so wird der Unterschied sichtbar. Noch immer
ist dort die Männergesellschaft tonangebend, ebenso wie die
strenge Trennung der Berufsstände, die auch in den konser-
vativen Salons des Kaiserreiches so nicht mehr möglich ist.

Als Vorbote einer kosmopolitischen großstädtischen Gesellschaft hat der literarische Salon in Berlin die Ideen der
Aufklärung durch mannigfaltige Brechungen in das Industriezeitalter hinübergerettet. Er hat damit, obgleich als
Institution unproduktiv, lebhaftesten Anteil an der Heraus-
bildung des berlinischen Geistes. „Wir können ja eine ganz
andre Nation werden; wenn wir nur wahr bleiben; und das
Gute nehmen, wo es nur zu finden sein mag; andre nicht mit
Nationalhaß verunglimpfen, uns nicht aus Nationalliebe
verhätscheln."

Rahel hat diesen berlinischen Geist doch recht gut getroffen!

ANHANG

Henriette Herz wird als Tochter des Arztes de Lemos, der aus Hamburg gebürtig mit der Leitung des jüdischen Krankenhauses betraut ist, geboren. Der Vater entstammt dem portugiesischen Judentum, die Mutter ist aus französisch-jüdischer Familie. Henriette, die auffällig schön ist, gewinnt sehr zeitig die Neigung des Kantschülers Dr. Markus Herz, dem sie nach jüdischer Sitte zwölfjährig anverlobt und fünfzehnjährig angetraut wird. Der Mann ist fast doppelt so alt wie sie und von bedeutendem Ruf als Gelehrter wie auch als Arzt. Er hält in seinem Hause philosophische und physikalische Vorlesungen und erfreut sich nicht nur der Gunst seines Lehrers Immanuel Kant, sondern auch der Achtung der lernbegierigen jungen Adligen. Sogar der Kronprinz, der spätere Friedrich Wilhelm III., nimmt an seinen physikalischen Vorlesungen teil. Sehr bald entfaltet die junge Frau des berühmten Arztes neben ihren geselligen Fähigkeiten lebhaftes geistiges Interesse, das sich der Literatur ihrer Gegenwart zuwendet und ihren Salon fast zwanzig Jahre bis zum Tode ihres Gatten 1803 zum gesellschaftlichen Anziehungspunkt macht. Hier verkehren Schleiermacher, die Brüder Dohna, Friedrich Schlegel, Dorothea Mendelssohn-Veit, die Brüder Humboldt u. a. Mit dem Verlust ihres Mannes und Ernährers muß Henriette Herz ihre gesellschaftliche Wirksamkeit aufgeben, doch immer bleibt sie den Freunden verbunden. Nach dem Ableben der Mutter tritt sie 1817 zum Christentum über. Auf Reisen begegnet sie den Freunden ihrer Jugend. Als Alternde noch umgibt sie der Ruf einstiger Schönheit, so daß ihr nach ihrem Tod im Herbst 1847 lange Artikel gewidmet werden.

Seltsam prüde, in späteren Jahren fast bigott, ist sie bei aller Herzenswärme fast kindisch eitel und gibt häufig genug zum Spott Anlaß. Zutreffen mag ein Ausspruch Prinz Louis Ferdinands, der von ihr gesagt haben soll, daß sie nie so sehr geliebt worden sei, wie sie es verdient habe, eine Bemerkung, die mehr über Henriettes Charakter preisgibt als ihr unauffälliger Lebenslauf.

1799 erscheint Friedrich Schlegels „Lucinde", ein Zeugnis seiner Liebe zu Dorothea, geschiedene Veit, geborene Mendelssohn, und die Spiegelung seiner Erfahrungen mit der Frauenseele. In Jena, wo die beiden bei Friedrichs älterem Bruder August Wilhelm Schlegel und seiner Frau Caroline, verwitwete Böhmer, geborene Michaelis, wohnen, gründet Aug. Wilh. Schlegel das „Athenäum", das die Texte der romantischen Freunde Novalis', Steffens, Schellings, der Brüder Tieck und anderer gesammelt. Die *Jenenser Romantik* bringt literarisch zum Ausdruck, was sich in den Salons in

Berlin vollzieht: *Die Entdeckung des Eros* als einer, die alte Gesellschaftsordnung sprengenden Kraft. Persönliche Bindungen, etwa die Freundschaft Friedrich Schlegels zu Schleiermacher, oder die Erinnerung an den Tugendbund um die junge Henriette Herz rücken die Jenenser Romantiker auch menschlich nahe an das Berlin der Zeit.

Rahel ist 1771 als Tochter des Kaufmannes und Juwelenhändlers Markus Levin in Berlin geboren worden. Die Familie ist ungebildet aber reich, und der Vater folgt der Neigung der reichen Juden, sich mit Schauspielern zu umgeben, unter denen er sich wohl fühlt. Da Rahel auffallend häßlich ist, gelingt es der Familie nicht, sie zu verheiraten, und sie bleibt nach dem Tode des Vaters wirtschaftlich abhängig von der Rente, die die Brüder der Mutter ausbezahlen. Diese Abhängigkeit und offensichtliche Geringschätzung schärft ihr Empfindungsvermögen und läßt sie sehr bewußt unter ihrer jüdischen Herkunft leiden. Ungewöhnlich begabt und ganz anders als die Herz von einer leidenschaftlichen Lebenszugewandtheit, gründet sie mit geringsten finanziellen Mitteln in der Dachstube der Wohnung ihrer Mutter in der Jägerstraße einen Salon, den sie durch den Zauber, den sie als Gesprächspartnerin auszulösen vermag, bald zum Treffpunkt des Adels und Hochadels macht. Ihre Absichten, in den Adel zu heiraten, schlagen fehl, aber sie saugt aus ihren bitteren Erfahrungen das Wissen von der Verwundbarkeit des menschlichen Herzens, das ihr das Vertrauen des großen Liebespaares der Zeit, des Prinzen Louis Ferdinand und seiner Geliebten Pauline Wiesel einträgt. Mit dem Zusammenbruch Preußens zerfällt die Berliner Gesellichkeit. Jahre der Zurückgezogenheit folgen für Rahel, in denen sie, nunmehr eine Enddreißigerin, Karl Varnhagen kennenlernt, um ihn nie mehr ganz aus den Augen zu lassen. Die Freundschaft mit Alexander von der Marwitz, die in diese Jahre des preußischen Elends fällt, sieht sie auf der Höhe ihres Weltbewußtseins bei gesteigerter erotischer Sensibilität. Marwitz ist der einzige Partner ihres Lebens, der ihr geistig gewachsen ist. Der Briefwechsel zwischen beiden gehört zu den großen Dokumenten im Dialog der Geschlechter. Dennoch heiratet Rahel nach Marwitz' Soldatentod Varnhagen, der sich zäh und bewußt eine kleine Karriere geschaffen hat. Sie altert zeitig. Aber noch immer geht von ihr, von Friederike Varnhagen von Ense, wie sie seit dem Tag ihrer Taufe und Hochzeit heißt, die Faszination eines Genies der Partnerschaft aus. Heine wird davon betroffen, Grillparzer berichtet davon. Ihre Briefe und Tagebücher bezeugen eine außerordentliche wenn auch ungerichtete Intelligenz und Leidenschaft. Ihr Urteil über die Zeitgenossen hat eine seltene Treffsicherheit. Sie stirbt im

März 1833. Ein Jahr nach ihrem Tode gibt Varnhagen aus ihrem Nachlaß „Rahel, ein Buch des Andenkens für ihre Freunde" heraus, das ihren Nachruhm begründet.

Der Salon der Herzogin von Curland Unter den Linden 7 ist in den Jahren 1804–06 nicht aus Berlin wegzudenken. Die Gastgeberin ist liberal, im Gegensatz zu ihrer jüngsten kaum dem Kindesalter entwachsenen Tochter Dorothea, die sehr preußisch gesinnt ist. Der Stil der Feste ist fürstlich, wenn auch die Standesunterschiede der Gäste nicht im geringsten beachtet werden, ja, der Schweizer Historiker Johannes von Müller, der beim Einzug Napoleons das Mißfallen der Berliner erregt, weil er dem Sieger allzu aufdringlich huldigt, gibt sich ausgesprochen grobschlächtig. Mit dem Aufhören des geselligen Lebens durch den Weggang des Hofes und der wirtschaftlichen Notlage während der Besatzungszeit endet die Reihe der glanzvollen Festlichkeiten im Palais der Herzogin von Curland.

Georg Andreas Reimer, gebürtiger Pommer, ist 1800 nach Berlin gekommen und hat die Heckersche Realschulbuchhandlung übernommen. Er sammelt nach 1807 in seinem Hause Kochstraße 14 die Patrioten um sich, gewährt Verfolgten und Geächteten Unterkunft, sammelt aber auch Waffen für den Tag der Befreiung und führt die Mitglieder seiner „Lesenden Gesellschaft" regelmäßig ins Charlottenburger Schützenhaus, wo sie sich im Waffengebrauch üben. Man spricht von ihm als dem gebildetsten Buchhändler seiner Zeit. Als Verleger Schleiermachers, Fichtes, Kleists, Arndts und der Brüder Grimm hat er wesentlichen Anteil an der preußischen Erneuerung. Nach dem Einsetzen der Reaktion 1819 sieht er sich scharfer Verfolgung ausgesetzt. In seinem neuen Wohnsitz, dem Palais des Grafen Schwerin in der Wilhelmstraße 73, finden Haussuchungen statt, seine Papiere und Briefe werden beschlagnahmt, zwei führende Burschenschafter, die bei ihm wohnen, werden verhaftet. Dennoch hält er bis zu seinem Tod 1842 an den Ideen zur geistigen und politischen Erneuerung Deutschlands, wie sie sich in den Befreiungskriegen 1813–15 abgezeichnet haben, fest und tritt für seine Autoren ein, denen sein Haus immer offen steht.

Die Christlich-deutsche Tischgesellschaft wird an der Jahreswende 1810 auf 11 von Adam Müller und Achim von Arnim gegründet. Ausdrücklich gegen die liberalen Tendenzen gerichtet, die sich in den Reformen Hardenbergs niederschlagen, erscheint sie durchaus reaktionär, was sich nicht nur in ihren Satzungen, die Franzosen, Juden und Frauen ausschließt, sondern auch in der Überschätzung der politischen Strukturen des Hochmittelalters spiegelt. Dennoch hat der Elite-Gedanke, der Männer wie Clausewitz, Savigny, Fichte, Zelter, Stägemann, Heinrich von Kleist die Tischgesellschaft hat aufsuchen lassen, weit über die Befreiungskriege hinaus Anregungen ausgelöst.

Der Tunnel über der Spree ist als literarische Gesellschaft in den 40er und 50er Jahren des 19. Jahrhunderts zur Bedeutung gelangt. Unter dem Vorsitz Franz Kuglers hält sie sich von der Politik fern und vereinigt Militärs, Beamte und Literaten. In allsonntäglichen Sitzungen wird vorgelesen und „gebeckmessert". Seinerzeit als gesellschaftliches Sprungbrett bedeutend, ist der „Tunnel über der Spree" hauptsächlich durch seine Mitglieder Theodor Fontane und Adolph Menzel in unserem Gedächtnis.

Der Kaffeter ist eine Damengesellschaft unter dem Patronat der Schwestern Bardua aus Ballenstedt, die seit 1819 in Berlin ansässig sind. 1843 von den Töchtern Bettina von Arnims gegründet, hat die heitere Gesellschaft bis in den März 48 bestanden. Diese spielerische Variante des Salons zeigt uns die Liebenswürdigkeit der Biedermeiergeselligkeit, die Fähigkeit zu harmloser Heiterkeit und Gemütlichkeit.

Hedwig von Olfers, die Tochter Stägemanns, steht als Gattin des Generaldirektors der Königlichen Museen dem sogenannten Gelben Salon vor, der bis zur 48er Revolution den kunstliebenden Adel und das hohe Beamtenbürgertum versammelt. Das Leben dieser Frau, das fast das ganze 19. Jahrhundert umspannt – sie stirbt erst 1891 –, ist charakteristisch für die Dame der Gesellschaft in Preußen und im Deutschland der Kaiserzeit. Hochgebildet, aufgeschlossen, gütig, eine besorgte Gattin und Mutter, geht ihr das Gefühl für die Erregungen des Jahrhunderts ebenso ab wie die Aufgeschlossenheit für das künstlerische Wagnis. Die Haltung dieser Gesellschaftsschicht ist bei aller Nüchternheit im praktischen Leben auf Anbetung und Würde gerichtet. Der Blick ist immer rückwärts gewandt.

Bettina von Arnim hat nicht eigentlich einen Salon gehalten, sie hat nur immer am geselligen Leben ihrer Kinder Anteil genommen und sich schon vor 1848, vor allem aber seit der Revolution mit Leidenschaft politisch betätigt. Sie ist eine der ersten, die auf die Not des vierten Standes hinweist, und die unter den schroffen sozialen Unterschieden leidet. Ihre gesellschaftlichen Verbindungen sind durchaus „linksgerichtet", weil sie erkannt, wenn auch kaum schon formuliert hat, daß der Aufbau der Gesellschaft verändert werden müsse. Von empfindlichem Gerechtigkeitssinn und von der Kraft des Mitleidenkönnens bewegt, unterstützt sie die Männer, die in die Opposition gegangen sind.

Fanny Lewald, eine fleißige und begabte jüdische Schriftstellerin aus Königsberg in Preußen, eröffnet nach ihrer Verehelichung mit

Adolf Stahr 1845 einen literarischen Salon in Berlin, der dreißig Jahre besteht. Selber liberal gesinnt, sammelt sie die Kräfte des Liberalismus um sich, eine geistreiche Gesellschafterin, die Rahel hoch verehrt und die Engbrüstigkeit der vormärzlichen Gesellschaft scharf kritisiert.

Franz Duncker, liberaler Politiker aus der Buchhändlerfamilie Duncker, sieht in den Jahren vor und nach der Reichsgründung alle jene um sich, die an der Stabilisierung des vierten Standes mitdenken und mitarbeiten wollen. Die Abende bei dem sehr wohlhabenden Reichstagsabgeordneten und seiner gebildeten, eleganten Frau Lina gleichen in nichts den Debattierklubs und Versammlungen der jungen Parteien, die sich aus dem vierten Stand rekrutieren. Sie helfen die Revolution von oben, die Sozialreformen der achtziger Jahre vorbereiten.

BIBLIOGRAPHIE

Hannah Arendt: Rahel Varnhagen. Piper, 1959.

Bettina v. Arnim: Dies Buch gehört dem König. Propyläen, Berlin 1920.

Bettina v. Arnim: Briefe an Friedrich Wilh. IV. Herausg. Ludwig Geiger. Verlag Rütten u. Loening, 1902.

Bettina v. Arnim: Werke und Briefe Bd. 1, 2, 5. Ausg. der Wiss. Buchges. Darmstadt. Herausg. Gustav Konrad, Hartmann Verlag, Frechen-Köln 1959.

Die Schwestern Bardua, gestaltet von Joh. Werner. Verlag Koehler u. Amelang, 1929.

Max v. Boehn: Biedermeier. Verlag Bruno Cassirer, Berlin 1923.

Christian Wilhelm Dohm: Über die bürgerliche Verbesserung der Juden, Berlin/Stettin 1781–83.

Johann Gottlieb Fichte: Reden an die deutsche Nation. Berlin 1808.

Franz Grillparzer: Grillparzers Briefe u. Tagebücher. Herausg. Gloss-Sauer, Stuttgart/Berlin 1903.

Karl Gutzkow: Berliner Erinnerungen u. Erlebnisse. Verlag Das Neue Berlin, 1960.

Henriette Herz. Von Hans Landsberg. Kiepenheuer, 1913.

Briefwechsel Alexander v. Humboldt an Varnhagen von Ense. Verlag Brockhaus, Leipzig 1860.

Wilhelm von Humboldt von Paul Binswanger (ohne Verlag und Jahr).

Wilhelm und Caroline von Humboldt in ihren Briefen. Verlag Mittler u. Sohn, Berlin 1910–16.

Mario Krammer: Berlin im Wandel der Jahrhunderte. Rembrandt-verlag, Berlin 1956.

Heinrich Laube: Moderne Charakteristiken. Max Hesse Verlag, Leipzig 1909.

Gotthold Ephraim Lessing: Gesammelte Werke. Herausg. Paul Rilla. Aufbau-Verlag, Berlin 1957.

Prinz Louis Ferdinand von Preußen. Von Hans Wahl. Eichhorn-Verlag, Dachau 1925.

Karl Marx: Die deutsche Ideologie. Kritik der neuesten deutschen Philosophie in ihren Repräsentanten Feuerbach, Bruno Bauer und Max Stirner und der deutsche Sozialismus in seinen verschiedenen Propheten. Volksausgabe (1845–46) der ersten, ungekürzten vollständigen Erstausgabe des Marx-Engels-Verlages, Wien/Berlin 1932.

Moses Mendelssohn: Zeugnisse, Briefe und Gespräche. Herausg. Bertha Bad-Strauss. Welt-Verlag, Berlin 1929.

Moses Mendelssohn: Gesammelte Schriften Jubiläumsausg. Akademie-Verlag, Berlin 1930.

Friedrich Nicolai: Sebaldus Nothanker. Nicolai'sche Buchh., 1774 bis 1776.

Friedrich Nicolai: Wegweiser für Fremde und Einheimische durch Berlin und Potsdam. 3. Aufl., Nicolai'sche Buchh., Berlin 1786.

Hedwig von Olfers. Bd. 1, 2. Herausg. Hedwig von Abeken. Mittler-Verlag, 1908, 1914.

Rahel. Ein Buch des Andenkens, für ihre Freunde bearb. von H. Landsberg. Leonhard-Simon-Verlag, Berlin 1912.

Rahel und Alexander von der Marwitz in ihren Briefen. Herausg. von Hans Meisner. Verlag Perthes, Gotha/Stuttgart 1925.

Edwin Redslob: Die Welt vor hundert Jahren. Verlag Philipp Reclam, Leipzig 1940.

Herbert Roch: Fontane, Berlin und das 19. Jahrhundert. Gebr.-Weiß-Verlag, Berlin 1962.

Julius Rodenberg: Bilder aus dem Berliner Leben Bd. 1, 2, 3. Gebr. Paetel, Berlin 1891.

Caroline-Schelling-Briefe „Unruhvolles Herz". Herausg. Willi A. Koch. Verlag Wilh. Langewiesche-Brandt, 1951.

Dorothea Veit-Schlegel. Von Ludwig Geiger in Deutsche Rundschau, Berlin, 40. Jahrg. Heft 10, 1914.

Friedrich Schlegel und Novalis. Biographie einer Romantiker-Freundschaft. Herausg. Max Preitz. Wiss. Buchges., Darmstadt 1957.

Friedrich Schlegel: Lucinde. Verlag Hans Bühler jun., Baden-Baden, 1947.

108

Schleiermacher: Monologe. Berlin, 1800.
Aus Schleiermachers Hause. Jugenderinnerungen von Ehrenfried v.
    Willich. Verlag G. Reimer, Berlin 1909.
Ina Seidel: Achim von Arnim. Cotta, Stuttgart 1944.
Hilde Spiel: Fanny Arnstein oder die Emanzipation. Ein Frauen-
    leben an der Zeitenwende 1758–1818. S. Fischer, 1962.
Reinhold Steig: Achim von Arnim und die ihm nahestanden. Cotta,
    Stuttgart 1894.
Max Stirner: Der Einzige und sein Eigentum. Leipzig 1845.
Heinrich von Treitschke: Deutsche Geschichte des 19. Jahrhunderts.
    Bd. V. Verlag Hirzel, Leipzig 1908.
Varnhagen von Ense: Tagebücher. Verlag Brockhaus, Leipzig 1868.
Varnhagen von Ense: Denkwürdigkeiten des eignen Lebens. Bd. I
    bis V, VII–VIII. Leipzig 1843.
Karl Friedrich Zelter: Selbstdarstellung. Manesse Verlag, Zürich
    1955.

REGISTER